AF329234

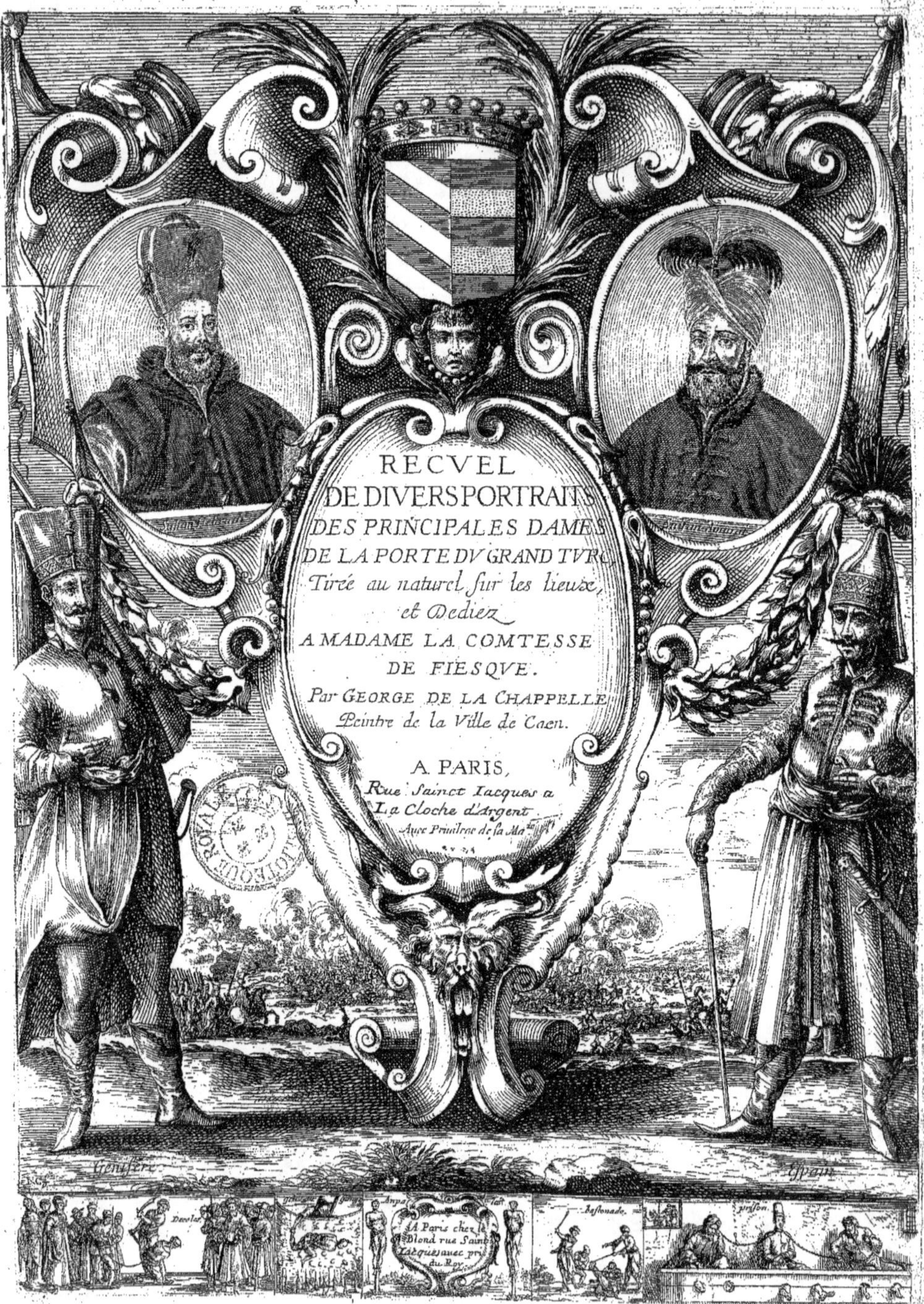

RECVEIL
DE DIVERS PORTRAITS
DES PRINCIPALES DAMES
DE LA PORTE DV GRAND TVRC,
Tirée au naturel sur les lieux,
et Dediez
A MADAME LA COMTESSE
DE FIESQVE.
Par GEORGE DE LA CHAPPELLE
Peintre de la Ville de Caen.
A PARIS,
Rue Sainct Iacques a
La Cloche d'Argent.
Auec Priuilege de sa Maté
Genissere
Spahi

PLVSIEVRS
DESCRIPTIONS
DES ACCOVSTREMENS
TANT DES MAGISTRATS ET OFFICIERS
de la Porte de l'Empereur des Turcs
que des peuples assubjectis
à son Empire.

AVEC LES FIGVRES REPRESENTANT
le tout au naturel, tirées des Medailles antiques & descriptions
de ceux qui ont frequenté parmy ces nations, ou des
bons Autheurs qui en ont escrit.

A

AV LECTEVR.

V i s que le Lecteur doit voir en cette histoire, non seulement le progrez, mais la puissance & grandeur de l'Empire des Turcs ; Il est bien raisonnable qu'on luy en fasse voir la pompe : Et puis on desire d'esgayer son esprit par la diuersité de ces peintures, qui pourroit estre deuenu triste par la lecture de tant de sang respandu, & de tant de bruslemens, & de saccagemens de Prouinces. Curiosité qui ne sera pas toutesfois sans vtilité, puis que les descriptions qui seront sur chacune esclairciront autant l'Histoire qui n'a peu s'arrester à tous propos à les representer comme il eust esté necessaire. Et afin que tout y aille par ordre, on a commencé par les officiers de ce grand Monarque, puis par les autres peuples & nations qui luy sont subiectes, pour le moins de celles dont les representations ont peu venir iusques à nous : Apres lesquels suiuront les figures des femmes tant Turques qu'estrangeres, chacun ayant par ce moyen vne parfaicte cognoissance du port, des gestes, & des accoustremens de l'vn & de l'autre sixe ; Qui nous sont venus en main par la diligence du sieur NICOLAS NICOLAÏ, au moins pour les planches ; car pour les descriptions elles ont esté amplifiées ou racourcies selon les occurrences, on y a aussi adiousté quelques planches comme le Lecteur pourra remarquer.

A ij

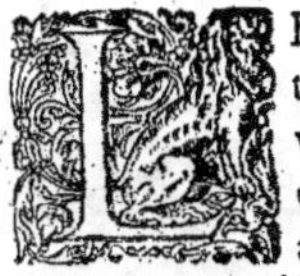 E s plus grands Capitaines n'ont point defdaigné les Thea-
tres au fortir des combats , ny les efprits les plus feueres
vne pompe mondaine quand elle leur eft reprefentée auec
ordre & conduite. Au fortir donc de tant de guerres, apres
auoir veu l'Empereur Turc en fa tente au milieu de fon
camp, entouré de fes gardes : Il ne fera point mal à propos de le voir
en fa Majefté dans fon Serail enuironné de fes domeftiques. Quand donc
il doit donner quelque audience à quelque Ambaffadeur, ou propofer
quelque chofe en public, voicy comme les Turcs s'y comportent: On
pare la premiere falle qu'on rencontre à l'entrée de la troifiefme porte où
commence le fecret enclos du Serail , de riches tentures de draps d'or &
d'argent, auec des tapis Perfiens & Cairins par bas , & de petits bancsà
l'entour eftoffez de mefme , au fonds de laquelle eft le fiege du Prince
tres-magnifiquement dreffé fur vn daiz haut de plufieurs marches, le tout
couuert & garny d'excellents tapis; Le iour de cette pompe les deux Cours
fe rempliffent de dix ou douze mille Iennitzaires & de Spachis, Solacks,
Selictars , & autres gardes tant de pied que de cheual, d'entres lefquels
ceux qui ont grade entrent en cette falle, & fafféent felon leurs rangs, les
Capigibaffi ou Capitaines de la porte, l'vn d'vn cofté, l'autre d'vn autre fe
mettent fur la premiere marche du Tribunal par embas, là autour fafféent
les trois Pages d'honneur, auec les principaux Eunuques du Serail, fur la feconde marche d'enhaut à main droicte le premier Vizir , & le Cadilefcher
de la Grece, qui adminiftre la Iuftice à Conftantinople, & fur la mefme marche à main gauche les deux ou trois autres Baffats, s'il y en a lors tant à la Cour,
& le Cadilefcher de la Natolie. Quant au Sultan il eft affis les iambes cour-
bées à peu pres comme nos Coufturiers, entre de tres-riches cuiffins, ayant
encore vn grand oreiller d'or battu tout eftoffé de pierres pretieufes d'vne
ineftimable valeur, qui luy fert à fappuier quand il eft affis, & lors il propofe
ce qu'il luy plaift, & chacun dône fon aduis felon fon rang & d'vn grand ordre. Mais fi c'eft pour ouïr vn Ambaffadeur, on l'aduertit afin qu'il fe mette
en equipage luy & fa famille, il fen va au Serail où il trouue les deux Capigibaffi, auec quelques Monuques des plus fauorits, qui le meinét par les deux
Cours à la falle de l'audiéce, où il eft recueilly par le premier Baffa, qui le me-
ne à ce Trofne, les Turcs l'apellent Tacht, où il trouue ce Monarque affis fur
fes oreillers & carreaux, mais il fe leue au deuant & luy tend la main à baifer,
puis fe remet en fon affiette & fait affeoir l'Ambaffadeur en vne chaire de velours cramoifi, fi c'eft de la part d'vn Prince Chreftien. Alors l'Ambaffadeur
luy prefente fes lettres lefquelles il préd & les defcachette de fa propre main,
puis les donne à fon premier truchement pour les lire tout haut, & les luy
interpreter apres de mot à mot; Cela fait les gentils-hommes de la fuitte de
l'Ambaffadeur font conduits par deffouz les bras pour luy aller baifer la
main, & puis fen retournent à reculons de peur de luy tourner le dos, & là
deffus le Prince fe retire & laiffe l'Ambaffadeur entre les mains du Baffa; Voicy quelque petit efchantillon de tout ce que deffus.

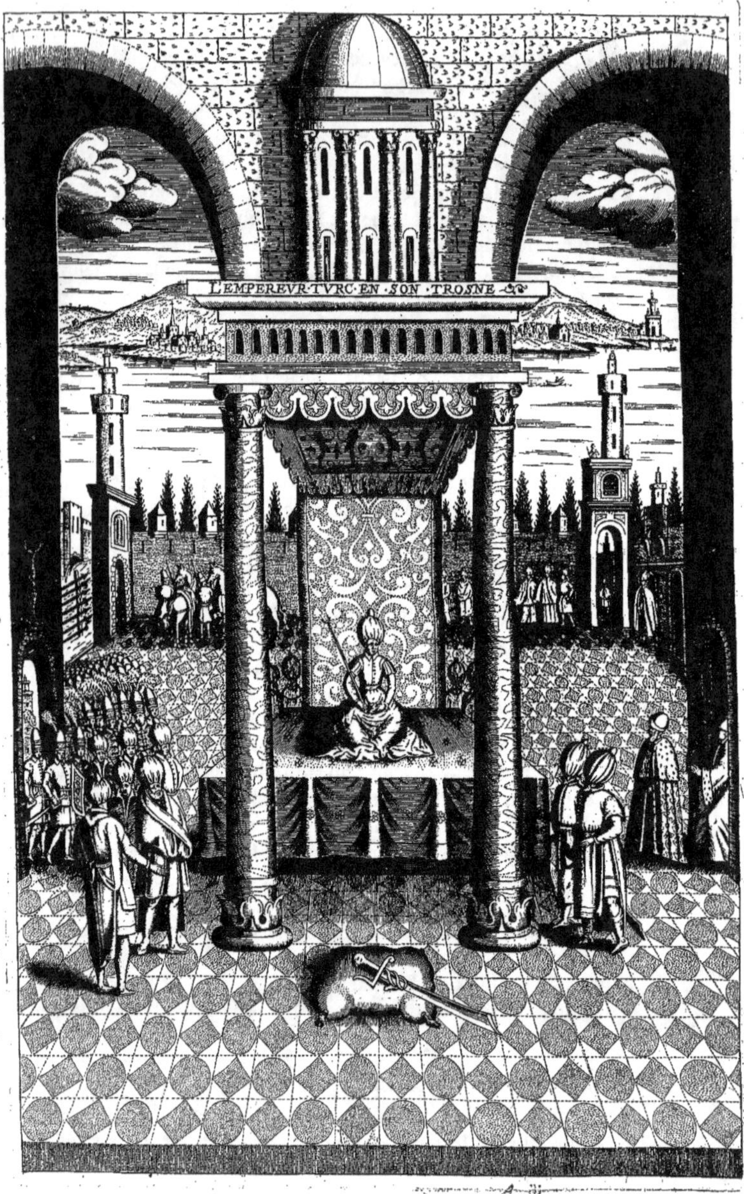
L'EMPEREVR·TVRC·EN·SON·TROSNE

Ovr commander à cette belle trouppe de Iennitzaires, il y a par deſſus eux vn Collonel, qu'ils appellent le grand Aga, lequel a mille aſpres par iour d'appointement, & ſix ou ſept mille ducats de penſion par an; il eſt auſſi habillé cinq ou ſix fois l'année par le grand Seigneur, de riches brocadors, & de fourures rares & de grand prix, outre les prouiſions qu'il luy ſont baillées de pain, riz, viande, foin, orge, & autres choſes pour l'entretien de ſon train, qui eſt grãd côme pourle moins de 300. bouches, & grande quantité de cheuaux, & deux fois la ſepmaine il doit donner vn repas à tous les Iennitzaires, leſquels auſſi ſont obligez de ſe trouuer tous les iours à ſon leuer, pour receuoir ſes commandemens, qu'ils doiuent accomplir entierement. Il a auſſi ſous luy vn Checaya ou Protogero, qui eſt comme vn maiſtre de camp, qui donne ordre à toute leur diſcipline, & qui les doit ranger en bataille quand les occaſions ſe preſentét; cettuy-cy a quatre ducats par iour, & ſix cens de Timar par an, il a de plus vn Iazgi ou Secretaire qui eſcrit les rooles & tiét les regiſtres de cette charge, lequel a deux eſcus par iour, ſans aucun Timar ny penſion, que ce qu'il peut practiquer ſur la paye des Iennitzaires, & auec cela il entretient ordinairement cent cheuaulx qui l'accompagnent quand il marche, & au ſortir de cette charge on luy en donne vne plus grande, ou bien vn appointement de cent mille aſpres par an, qui ſont enuiron deux mille eſcus. La charge de ce grand Aga eſt tellement honorable, que le grãd Seigneur luy baille en mariage ordinairement quelqu'vne de ſes filles, ſœurs, ou proches parentes, pour l'obliger d'auantage à ſon ſeruice. Et ce n'eſt pas ſans raiſon puis qu'il commande auec telle aucthorité à cette belliqueuſe troupe, qui eſt le ſouſtien principal du Prince, & de ſon Empire; Il a de couſtume quand le Turc va à la Moſquée d'aller tout ſeul derriere les Iennizaires, monté ſur vn cheual de grand prix, magnifiquement paré de pierreries, & orfeuerie, & luy encore d'auantage, lequel eſt icy repreſenté à pied, d'autant que c'eſt ſa façon plus ordinaire. Il eſt donc veſtu d'vne longue robe de drap d'or friſé, ou de velours, ou ſatin cramoiſi, & tout le reſte de ſon habit pareil, horſmis la teſte en laquelle il porte vn Tulban blanc fort dextrement accommodé, eſtant pliſſé par le haut, en façon de petits tuyaux, & ſur le deuant d'iceluy il porte vne enſeigne de fort grand prix, & au coſté vn petit panache; ſon port & ſa façon graue monſtre bien la dignité en laquelle il eſt eſleué, auſſi eſt il des premiers aupres le grand Seigneur, qui ne donne iamais cette charge qu'à celuy qui luy a rendu plus grande preuue de ſa fidelité.

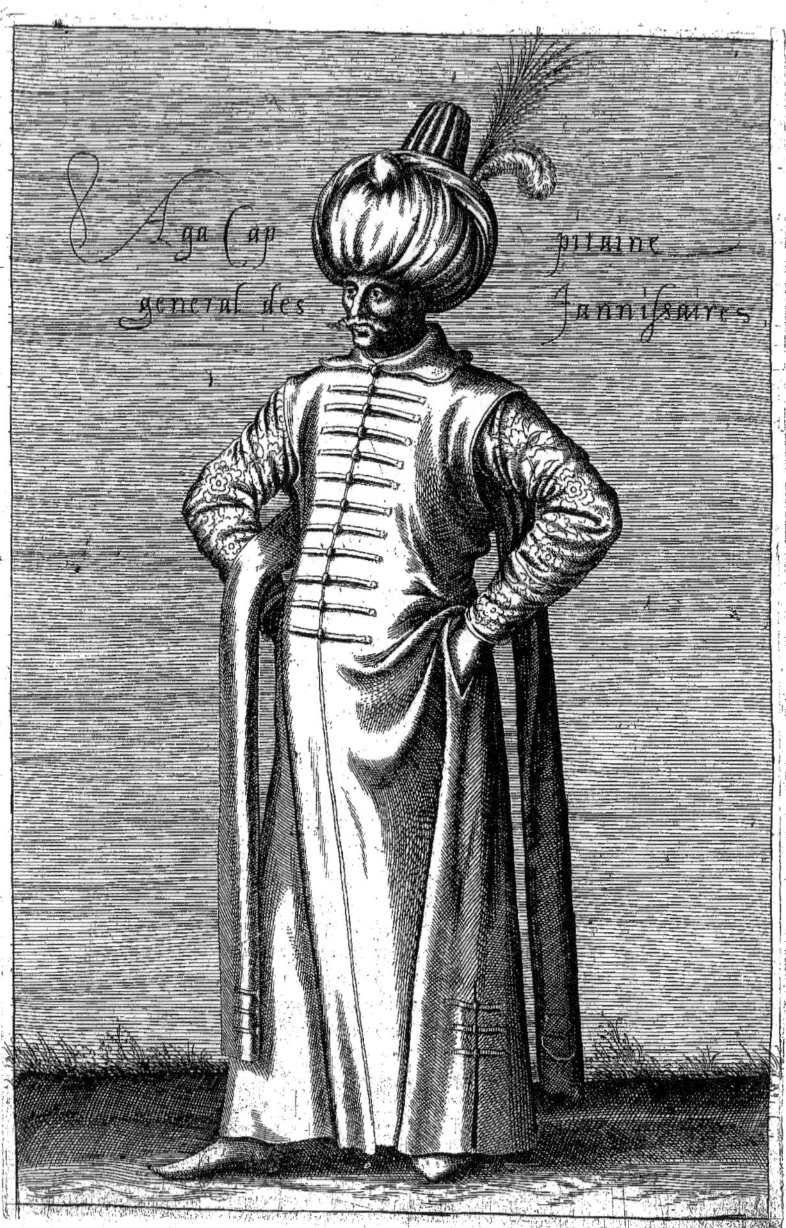

Aga Cap   pitaine
general des   Jannissaires

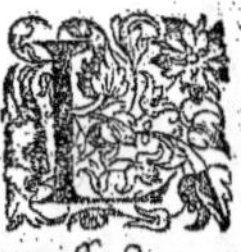

EXPERIENCE a fait assez cognoistre iusques icy, que le soustien & appuy principal des Royaumes, Estats, & Republiques, est la Religion, & qu'il faut de necessité qu'il y en ayt vne, soit vraye, ou fauce, feinte, ou veritable, en apparence, ou en effect, ce qui est prattiqué parmy ce peuple Turc, ayans de certains Prestres, ou docteurs, de leur loy pernicieuse, qu'ils tiénent en telle estime qu'ils leur deferent toutes choses, leur donnans toute authorité, non seulement en ce qui concerne le fait de la Religion, mais aussi en ce qui est de la Iustice. Or afin que l'ordre y soit mieux gardé, ils ont accoustumé de faire vn choix entre les premiers & plus capables de ces docteurs, d'vn seul qu'ils recognoissét comme pour superieur, lequel ils nomment Cadilescher, ils le choisissent vieil, afin que l'experience, & la solidité du iugement y soit parfaicte, & qu'il soit moins corruptible pour l'amour des Dames ou autres considerations d'aduancement de fortune, craignát aussi que la ieunesse des ans, ne fust accópagnée de celle de l'esprit: Cettuy-cy estát ainsi esleu, il a pouuoir de iuger de tous crimes, & condamner les criminels, selon qu'il est porté par leur loy, iugeant aussi de tous autres differens & contentions, gardant à chacun son droict, sans se laisser corrompre par aucun lien d'amitié ou proximité: & afin que le besoin ou desir des richesses, ne leur face pancher de costé ou d'autre, ils ont fort grand appointement du grand Seigneur, qui se monte, tant pour leur office Ecclesiastique, que pour celuy de la Iustice, à 8000. ducats par an, sans leurs profits extraordinaires, & chacun d'eux entretient à son seruice trois cens esclaues, outre dix secretaires qui leur sont deffrayez par le grand Seigneur, & deux Moolucbassi qui sont employez en ce qui despend de la caualerie. Quant à leur habit ils se vestent le plus souuent de camelot, damas, ou satin de couleur brune, comme gris, ou tané brun, les manches de leurs robes sont longues & estroites, & vne sorte de collet cóme d'hermine mouchetée, ils portent le Tulban de grandeur & grosseur extraordinaire, ayant la pointe du milieu qu'ils appellent Mogeuisi plus basse, & les tuyaux d'iceux plus gros & plus pressez que les autres, ils vont par la ville sur des mullets ou cheuaux Hongres, ayans vne petite couuerture à la façon de nos cheuaux de carrosse, de drap de couleur de pourpre, auec de la frange de soye tout autour, & s'ils vont à pied, c'est auec vne desmarche pleine de grauité, qu'ils gardent aussi en leur parler, d'vne façon fort seuere, ayans tousiours quelque parole de leur Religion à la bouche, pour auoir plus d'apparence de Saincteté.

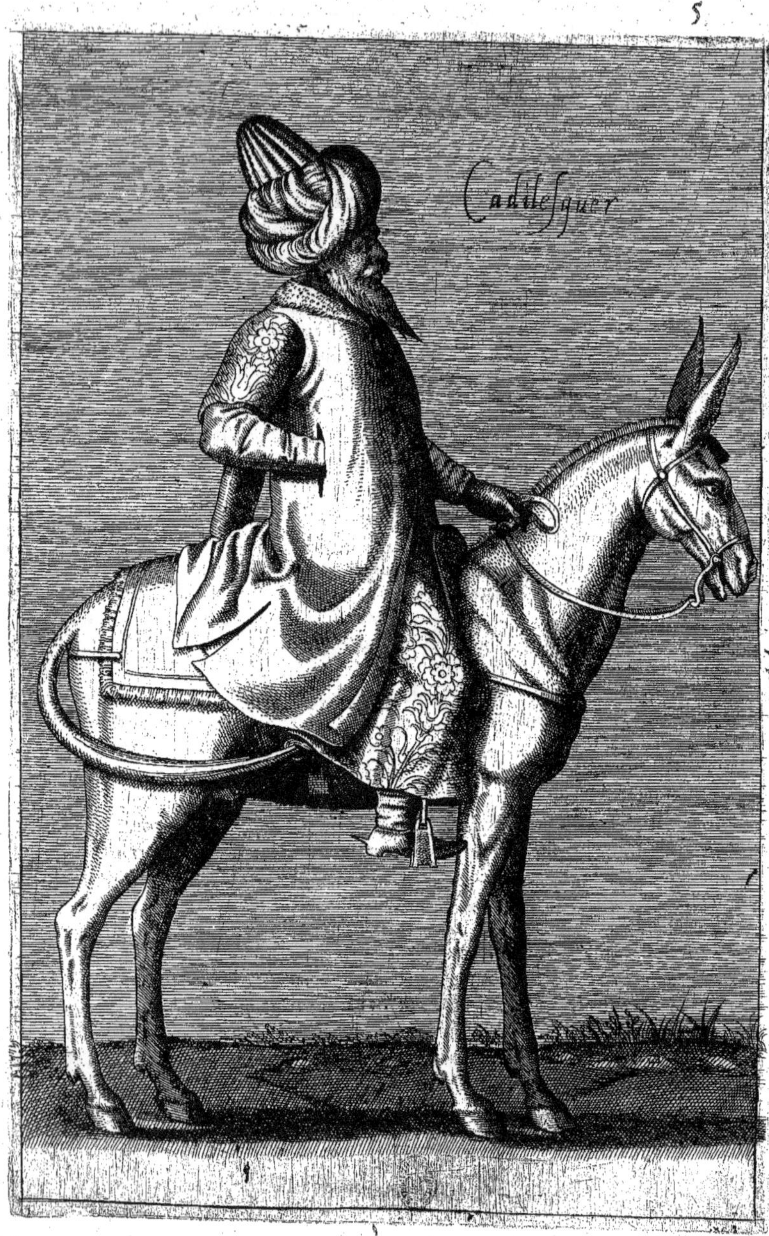
Cadilesquer

LES Boluchs baffis font des chefs ou Capitaines de cent Iennitzaires, lefquels ont foixante afpres par iour d'appointement, leur principal office eft d'accompagner à cheual le grand Seigneur allant à la Mofquée, eftans eux & leurs cheuaux, fort magnifiquement accommodez, & armez d'vn grand bourdon, qu'ils portent en façon d'vne groffe lance, beaucoup plus longue que les noftres, & creufe dedans pour eftre plus legere, mais toutesfois renforcée auec de la colle forte tout du long, & des nerfs hachez menu comme ceux qu'on applique aux rondelles : elle eft peinte de diuerfes couleurs en façon de fueillages, & ont à l'arçon de leur felle vn pauois bien enrichy, auec le Bufdeghan ou maffe d'armes, & portent à la tefte au lieu de la Zarcola vn bourc ou haut bonet à la marinefque, dont la pointe fe replie vn peu en auant, enrichy tout autour d'vn cercle d'or, façonné par ondes, & parfemé de plufieurs fortes de pierreries, auec vn tuyau de mefme, qui fe met au deuãt du bonet, & prent depuis le bord du bonet iufques au haut de la pointe, du bout duquel fort vn fort gros panache d'aigrette qui fe porte tout droit & fort haut, ils marchent en cét équipage deuant l'efquadron des Iennitzaires. Leur habit au refte eft different de celuy des foldats, car par deffus leur doliman ils ont vn caftan ou longue robe de drap de foye ou brocador, laquelle eft fenduë tout du long, & boutonnée par le haut auec vne douzaine de boutons à longue queuë, comme nos François portent à leurs manteaux, les manches vn peu larges, pendant derriere quafi iufques au bord de la robe, au bout defquelles y a trois boutons pareils à ceux de la robe, laquelle a deux petites fentes en haut, à l'endroit que les Françoifes font leurs pochettes, dãs lefquelles ils mettent leurs mains par contenance. Ils ont auec cela des manches d'eftofe fort riche, affez amples & larges, leur robe a auffi vne forte de grand colet qui fe rabat à la façon des Cimarres à l'Italienne, & au bas enuiron demy pied pres du bord, il y a vne petite fente à laquelle y a trois boutons de mefme façon que les autres; Leur chauffeure eft à la Polaque, fort mignonnement faicte & decoupée, ils portent cette forte d'habit eftans à pied, & lors qu'ils montent à cheual, ils y adiouftent feulement les armes dittes cy deffus fans rien changer du demeurant. Ils ont vne mine fi effroyable & vn regard fi affreux, que fans aucunes armes leur afpect eft fuffifant pour les faire craindre, auffi font-ils fort redoutez d'vn chacun, à caufe de la grande authorité que leur donne le grand Seigneur. Et lors qu'ils font deuenus vieils ne pouuans plus porter les armes, on leur donne la charge de quelques places fortes, auec Timar équiualent à leurs anciens gages, de forte qu'eux ny les autres Iennitzaires ne peuuent tomber en neceffité, ains ont moyen de paffer leur vie affez à leur aife.

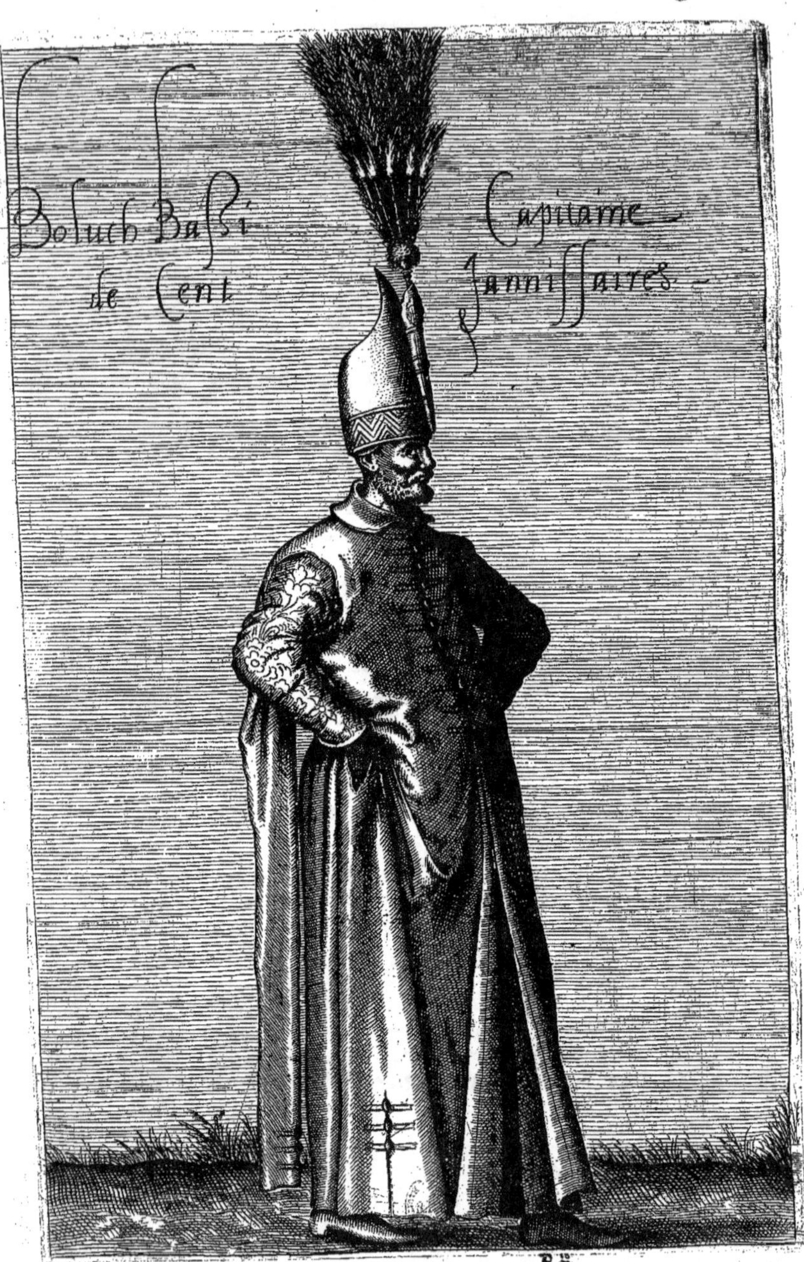

B ij

DV nombre de ces braues Iennitzaires, l'Empereur Turc fait encore vne eslite de quatre ou cinq cens Archers, pour la garde du corps, qui sont appellez Solachi, tous des plus anciens & experimentez aux armes, pour l'accompagner tousiours, & marcher à costé de sa personne, à sçauoir vne partie à droict, & l'autre partie à gauche: & est à remarquer que ceux qui sont à sa main droicte sont tous gauchers, c'est pourquoy ils portent le nom de Solachi: & au contraire ceux qui vont au costé gauche tirent à droict, craignant qu'en décochant leurs flesches ils ne fussent contrains de tourner le dos à leur Seigneur, qui est entr'eux vne grande inciuilité: ils ont de douze à quinze aspres par iour d'appointement, & deux accoustremens par an tous d'vne parure, à sçauoir vne jupe de damas ou satin blanc, qui leur vient par derriere iusques à my-iambe, mais elle est plus courte par le deuant, dont les deux bouts sont retroussez à leur coussac, qui est vne large ceinture tissuë de soye & de fil d'or: ils portent dessous vne chemise blanche qu'ils laissent pendre par dessus leurs gregues aussi bas que la jupe, ayant aussi à la teste vn boute ou haut bonet, broché d'or tout autour, auec le tuyau d'or ou argent doré enrichy de pierreries chacun selon leur moyen, au bout duquel ils mettent vn haut pennache d'aigrette fort gros, leur chaussure est aussi pareille à celles des Iennitzaires; ils ont pour armes l'arc & les fleches au lieu de l'arquebuse, de laquelle ils n'vsent point, craignant despouuanter le cheual du grand Seigneur, ou de l'offencer luy-mesme par la senteur de la poudre & de la mesche, leur arc est fort richement doré & leur trousse pareillement, le tout fort mignardement damasquiné, auec le cimeterre & le poignard à la ceinture: Ce sont ceux-là qui sont tousiours les plus proches du Prince, & qui empeschét quád il va par pays que personne n'approche de luy, sinon ceux qui luy plaist & à qui il veut parler, entre autres le premier Bassa ou Vizir qui le peut aborder à toute heure à la guerre, ce qui ne luy est permis au Serail, qu'à de certaines heures, ou lors qu'il le mande; & s'il se rencontre quelque riuiere qu'il faille que le Turc passe ses archers ne l'abandonnent point, mais passent à guay aux deux costez de son cheual, & pour recompence, si l'eau leur va iusques au genouil ils ont chacú vn escu, si elle passe la ceinture ils en ont deux, & si encore plus haut on leur en donne trois, ce qui se doit entendre de la premiere riuiere seulement, car des autres ils n'ont aucune chose, que si par hazard l'eau estoit trop profonde ils la passent à cheual, tousiours proches du Prince; car ce sont eux qui en tels dangers prennent garde qu'il ne luy arriue mal, l'en ayant plusieurs fois preserué, estant sa derniere resource en son extremité: Ils sont departis sous la conduite de deux Solachbassi ou Capitaines, le tout sous la charge & commandement du grand Aga.

Solachi ou
de la garde
Solacler, Archer ordinaire
du grand Seigneur

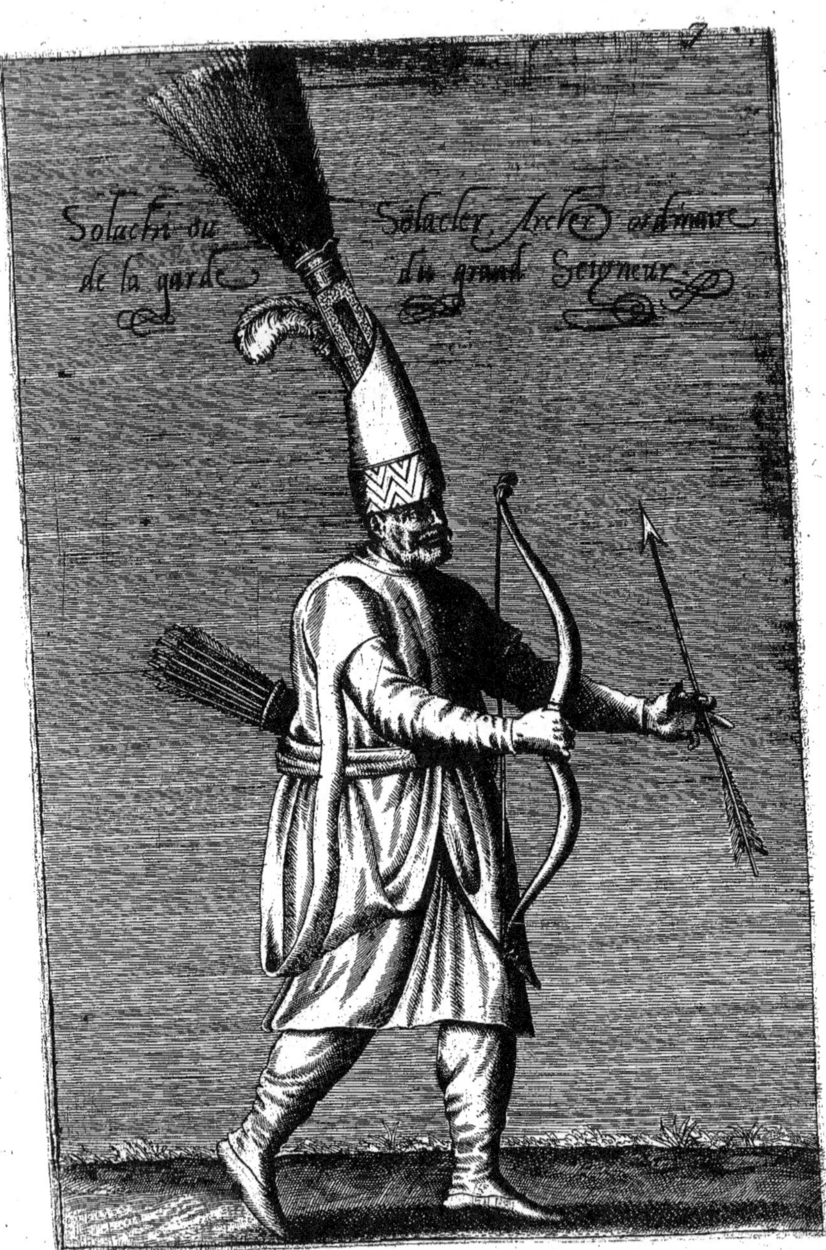

B iij

I L y a en cette trouppe de Iennitzaires, quelque nombre qui
font mariez, mais la meilleure partie viuent fans femmes, &
ont leur département en certains quartiers de Conftantinople, où ils demeurent en temps de paix: Ils viuent tous en
commun, mettans enfemble chacun vn nombre d'afpres par
iour, qui eft vne petite mônoye d'argent vallant dix deniers, felon les autres
douze. Cette fomme eft maniée par vn defpenfier, & vn cuifinier, qui ont le
foin de leur apprefter tous les iours leur manger, & ceux d'entr'eux dont la
paye eft plus petite, font obligez de feruir les autres, pour gaigner par ce
moyen ce qui peut manquer de leur defpence: ceux qui font mariez demeurent où bon leur femble, tant à Conftantinople, qu'aux villes & bourgades
circonuoifines, & viuent de la folde que leur donne le grand Seigneur, &
quand il fe prefente quelque occafion de guerre aux enuirons, on les y appelle, mais ordinairement on les employe fur la mer, à dreffer les ieunes Ien-
nitzerots, qui font dans fes vaiffeaux: & ceux qui font habituez à Conftantinople, & qui ont grande charge d'enfans, pour la nourriture defquels leur
folde ne peut fuffire, on en baille aux Ambaffadeurs, ou autres eftrangers, de
qualité, à chacun vn nombre, de fix ou huiét, qui leur feruent de gardes pour
empefcher qu'il ne foit fait aucun tort à eux, ny à leur fuitte, que fi quelqu'vn
entreprend de les offencer tant foit peu, ils les puniffent cruellement, leur
donnans fur le ventre tant de coups de leur bafton qu'il leur plaift, fans que
nul quel qu'il foit s'oze reuencher contr'eux; & pour recompence de cette
foigneufe garde, les Ambaffadeurs leur donnent quatre afpres par iour, auec
efperance qu'apres les auoir ainfi fidellement feruis, ils pourront par leur faueur paruenir à quelque plus grande charge, comme de Spachis, Zaniligi-
lers, Zagarzis, ou autres. Outre cela le grand Seigneur a de couftume de les
gratifier d'vn afpre par iour, pour chaque enfant qui leur naiffent, pour ayder à les efleuer en l'aage de pouuoir faire feruice. Ceux qui ne sôt point mariez font la garde tour à tour par cinquantaines, tantoft plus, quelquesfois
moins, tant au Serail, que par les ruës, pour empefcher les larcins, querelles,
ou accidens du feu, & lors que par la vieilleffe, bleffeures ou autres accidens
ils font licentiez de leur charge de Iennitzaires, on les fait Affareli, c'eft à dire,
mortes-payes, gardes des chafteaux & fortereffes, & ont femblable prouifion
pour leur nourriture, que les mariez. Leur habit eft pareil au precedent, excepté qu'il eft plus long, & n'ont pour toute armure qu'vn long bafton de
canne d'Inde, ou autre bois, qu'ils portent à la main, leur ceinture eft de ga-
fe ou autre eftoffe rayée aux deux coftez, & au bout de laquelle eft vne frange d'or, elle eft nouée par deuant, les bouts pendans quafi iufques le genoüil.

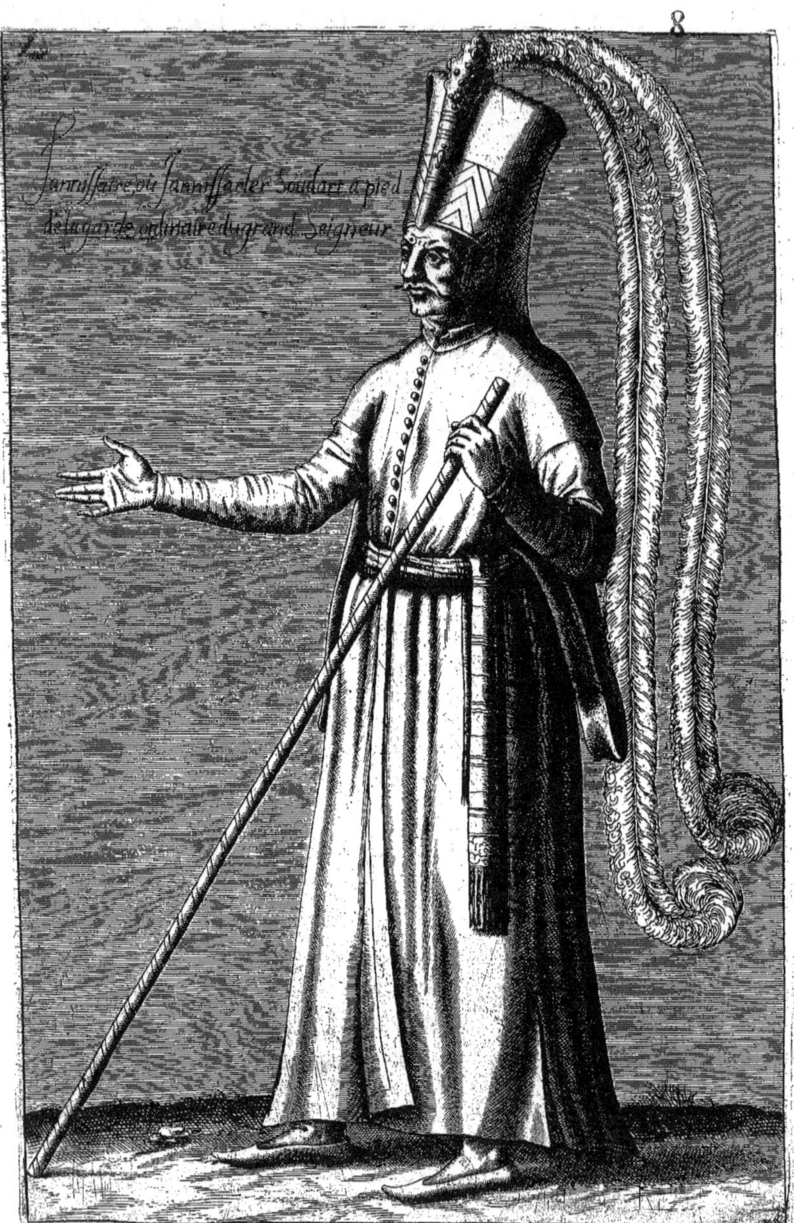
Janissaire, ou Janniffacler Souldart a pied
de la garde ordinaire du grand Seigneur

L E s enfans tributaires ou Azamoglans, ayans ainſi eſté rauis entre les bras de leurs peres & meres, nourris en la loy de Mahomet, peuuent paruenir aux charges & dignitez, montans de degré en degré, ſelon que plus ou moins ils ſ'en rendent dignes par leur merite, car c'eſt par ce ſeul moyen qu'ils ſe peuuent aduancer, & non par aucune faueur ny credit. Comme donc ils ſont paruenus en aage de pouuoir porter les armes, auec quelque dexterité pour ſ'en bien ayder, on les fait Iennitzaires, qui eſt vn ordre qui fut premierement inſtitué par Amurath 2. du nom, & dixieſme Empereur des Turcs, & leur nombre fut augmenté depuis par ſon fils & ſucceſſeur Mahomet, qui conquit Conſtantinople, & ſe rendit le maiſtre de l'Empire Oriental. Cette compagnée de gens de guerre eſt la principale force de l'exercite du grand Turc. Par leur valeur, Amurath & ceux qui ont tenu l'Empire apres luy, ont gaigné pluſieurs batailles, cét ordre de Iennitzaires n'eſt autre choſe qu'vne imitation de la Phalange Macedonique, ou pluſtoſt des ſoldats Pretoriens du téps des Empereurs Romains, mais la diference eſt fort grande en leurs armes, car les Iennitzaires allás à la guerre, ſont habillez de drap bleu, auec vne ſorte de caſaque de gensdarmes à la Françoiſe, qui leur vient iuſques au milieu de la iambe par le derriere. Elle eſt fenduë par deuant, & les deux bouts retrouſſez ſous la ceinture, ils ont par deſſous vne ſorte d'accouſtremét, qu'ils appellent Doliman, qui eſt la principale marque des Muſulmans, auquel ſont des manches aſſez iuſte au bras, tant en longueur qu'en largeur, au derriere de la caſaque il y a de petites manches qui pendent iuſques au bas, à la façon de celles que nos François ont à leurs robes de chambre, & eſt boutonnée par deuant iuſques à la ceinture, qui eſt comme d'vne large iartiere, à laquelle eſt pendu vn Cimeterre, ils ont auſſi vne ſorte de bandouliere en eſcharpe, à laquelle pend leur fourniment, ils portent vne arquebuſe aſſez longuette, & en l'autre main la meſche, qui eſt tortillée en façon de braſſelet autour du bras, & au lieu de ſalade ou morion, ils ont pour habillement de teſte vne ſorte de chaperon de feuſtre blanc, qu'ils appellent zarcola, enrichy ſur le front d'vne guirlande d'or trait, faite par ondes, de la largeur d'enuiron trois doigts, au milieu de laquelle y a vne ſorte d'enſeigne faite en façó d'vne gaine d'argent doré, toute parſemée de pierres fines de petit prix, laquelle prent depuis le bord de la guirlande, ſur le front iuſques au haut du chaperon, & ſort d'icelle vn panache qui paſſe vn peu au deſſus de la teſte, & pend derriere pour le moins iuſques à la ceinture, ſe recroqueuillant par le bout quaſi en queuë de Renard. La chauſſure eſt comme vn bas à botter fort large, pliſſant vn peu le long de la iambe, & le ſoulier de la meſme façon que le precedent, ce qui n'eſt permis à tous de porter, ains ſeulement à ceux qui ont fait plus grande preuue de leur valeur à la guerre.

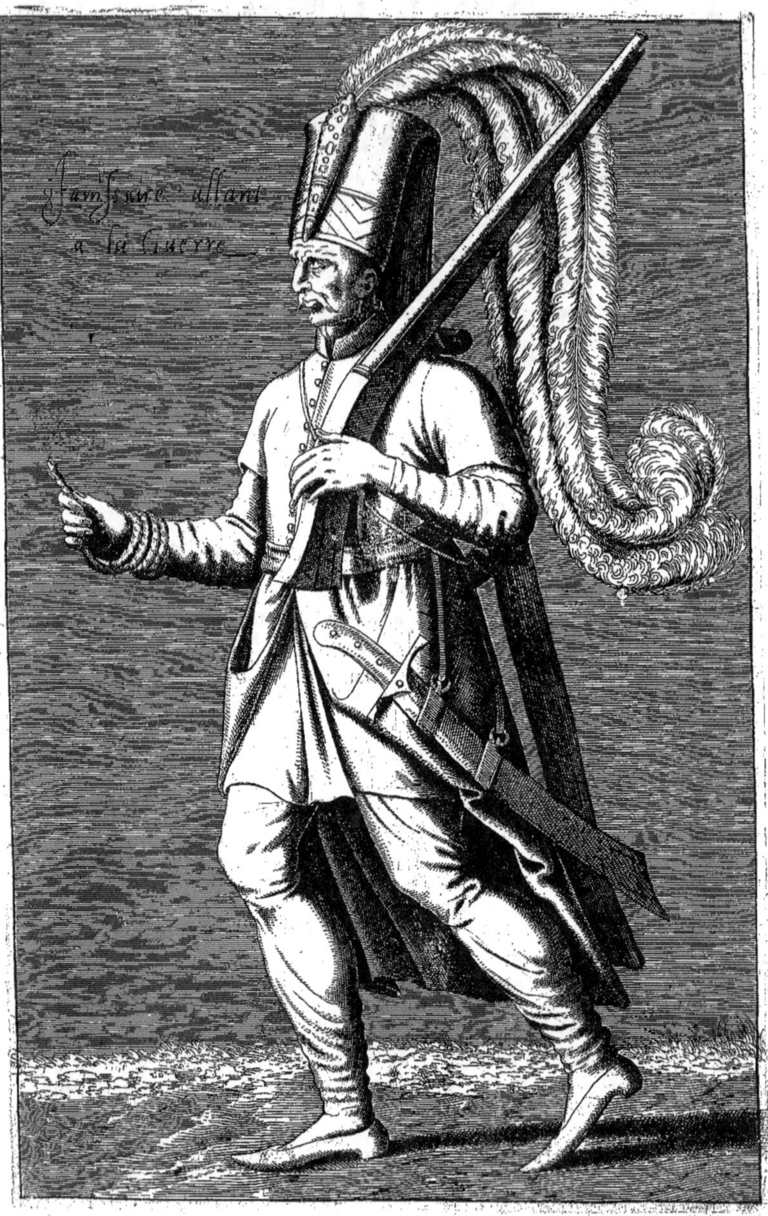
Jamssaire allant
a la Guerre

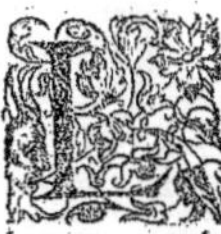 E s Turcs ont eu de tout temps l'vsage de l'arc & des fleches,
plus à commandement que toutes autres sortes d'armes, c'est
pourquoy la plus-part de leurs soldats en vsent, & principalement les Azapes, qui sont comme vne sorte d'archers qui se
leuent en tel nombre que le besoin & les occasions le requierent, soit pour la
terre, ou pour la marine, sans ceux qui d'ordinaire sont dans les places auec
les Iennitzaires, qui ont la garde du Chasteau, & les Azapes celle de la Ville.
Ils ont lors qu'ils sont employez, cinq aspres par iour de prouision, & sont
vestus d'vn Doliman court, qui ne leur vient qu'vn peu au dessous de la ar-
tiere, & de telle couleur qu'ils veulent, estant boutonné seulement iusques
à la ceinture, & le reste iusques au bas ouuert, afin de se pouuoir tournr &
ayder aisement, les manches sont longues & amples, & n'ont autres armes
que l'arc & les fleches, pendues au col auec vne sorte de ruban, qu'ils porent
en escharpe, comme nos soldats font la bandoliere, & vn petit Cimeterra à la
ceinture. Ils ont à la teste vne sorte de petit Barettin de feustre, ou autre eto-
fe approchante & de la mesme couleur que le Doliman, pour la chaussur, elle est à la Turquesque, aussi sont-ils tous Turcs naturels, & de fort petite estime entre tous les gens de guerre, aussi ne s'en sert-on que pour les occasions
perilleuses, afin d'espargner les autres plus valeureux soldats, & principalement les Iennitzaires, qui sont ceux dont ils font le plus d'estat, car encore
qu'ils soyent pour la plus-part nourris entre les Turcs, ils ne peuuent toutesfois perdre le courage magnanime des Chrestiens, qui les fait
craindre & redouter infiniment de toute cette
barbare nation.

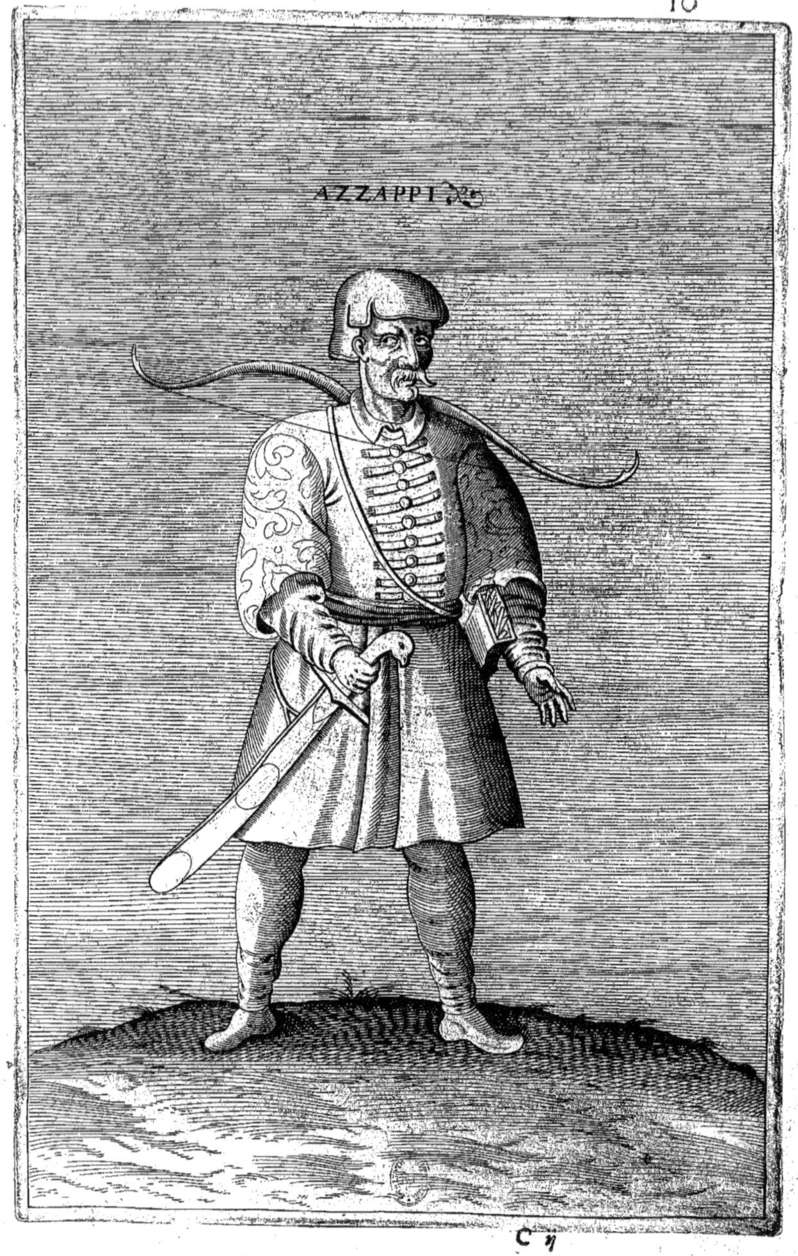

AZZAPPI

DES AZAMOGLANS OV
enfans de tribut.

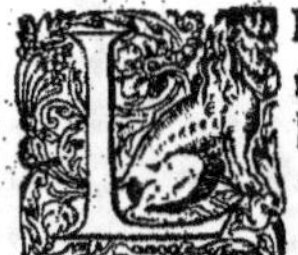 E s Azamoglans enfans de tribut, defquels il a efté ample-
ment difcouru aux Illuftrations du Sieur de Vigenere, font
habillez de drap bleu, leur habit eft long & leur vient battre
vn peu au deffous de la jartiere par le derriere, mais le deuant
eft retrouffé par les deux bouts, fous la ceinture il eft ample
& pliffé comme vne robe depuis la ceinture en bas, mais le corps eft tout
ioint, boutonné par deuant comme vn pourpoint, les manches affez larges
& longues, faifans quelques replis le long du bras, & quand ce vient vers le
poignet elles font toutes iuftes : leur ceinture eft de crefpe, ou autre eftofe
rayée, fort large & ample, qui fe nouë fous le bras gauche. Ils portent auffi
vne forte de petit coutelas, non fur le cofté, mais attaché deuant auec quelque ruban, quafi comme les bouchers portent leurs coufteaux, leur coifure
eft vn bonet jaune, en forme de pain de fucre, & vne forte de crefpe, à la façon que nos François mettent leurs cordons de chapeaux : ils mettent à leur
oreille vn bouquet de fleurs, ainfi qu'vn Praticien met ordinairement fa plume; leur chauffure eft comme vn bas à botter, qui pliffe par le bas, & le foulier en efcarpin, decoupé par le tallon, & autour de la femelle, & font fans attaches, comme ceux que l'on fait icy aux petits enfans. La meilleure
partie de ces enfans de tribut, jouent d'vne forte d'in-
ftrument approchant fort du ciftre, qu'ils appellent Tambora, au fon duquel ils accordét leur
voix, qui rend vne harmonie fi defagreable
qu'il y a beaucoup plus d'ennuy que
de contentement à
les ouyr.

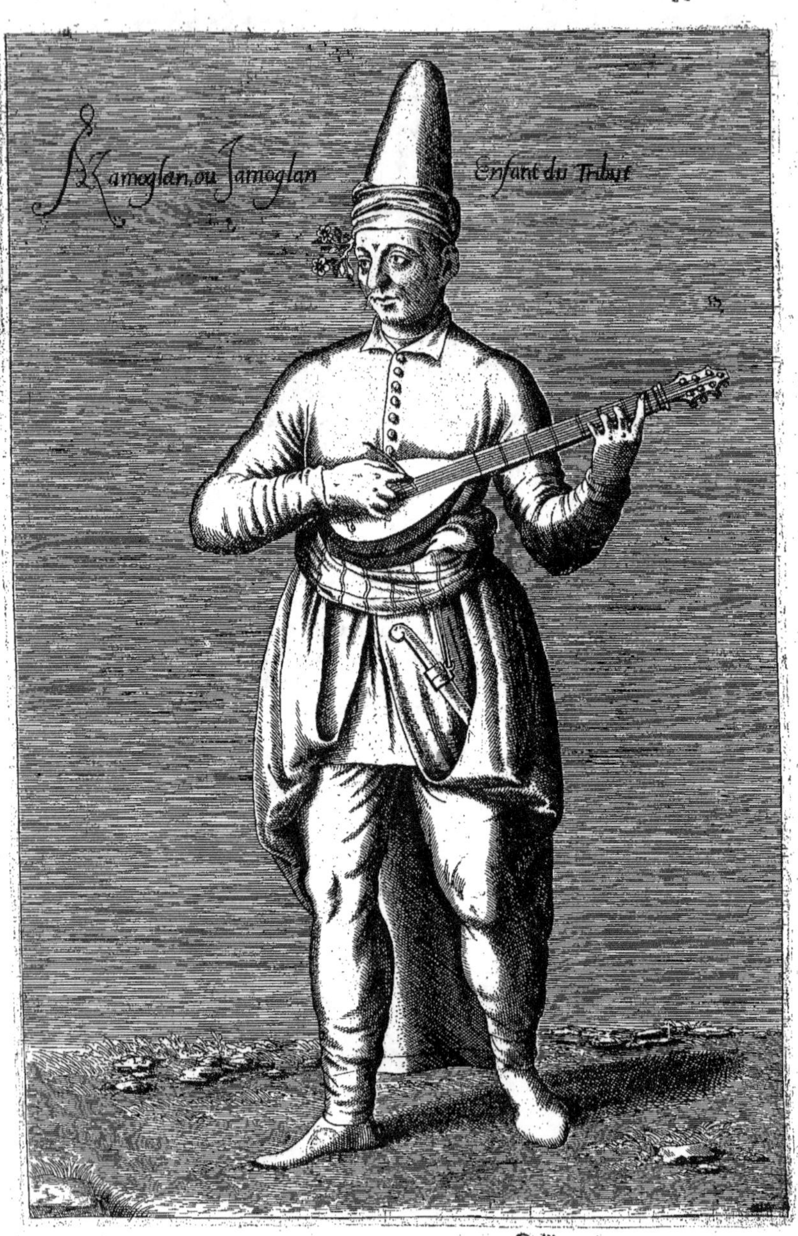

Kamoglan, ou Jamoglan
Enfant du Tribut

I L y a vne autre ſorte d'Azamoglans appellez Ruſtiques, qui ſont comme le rebut des autres, car apres auoir fait la leuée des enfans des Chreſtiens, l'on fait vn choix des plus beaux & plus agreables, que l'on met au Serail du grand Turc, & les plus groſſiers ſont enuoyez en la Natolie, qui eſt la petite Aſie, vers Burſie & Caramanie, pour labourer la terre, garder le beſtail, ſ'endurcir à la peine & au trauail, & apprendre la langue Turqueſque, eſtans nourris & entretenus aux dépens de ceux qui ſ'en ſeruent, puis au bout de quatre ans on en leue d'autres, & ceux-cy ſont menez à Conſtantinople, & baillez à l'Aga des Azamoglans, qui les met au ſeruice des Iennitzaires, ou bien leur fait apprendre quelque art mechanique, pour ſeruir à la guerre, ou autre choſe ſelon leur inclination, & ſont lors nourris & entretenus aux dépens du grand Seigneur. Ils ſont habillez à la Païſane, auec vne ſorte de camiſole qui eſt fenduë ſeulement enuiron quatre doigts au deſſous du colet par deuant, dont les manches ſont aſſez longues & larges, faiſans force replis tout du long: ils ont par deſſus vne ceinture qui ſe nouë par deuant, dans le neuf de laquelle ſe met vn gros couſteau; ils ont par deſſus vne ſorte de jupe fort approchante de la façon des courtes robes que portent nos Marchans; & les manches ſont coupées au haut du bras, enuiron comme vne caſaque de gendarme à la Françoiſe, & tout autour du bord tant de la robe que des manches, il y a comme vne petite frange, la coifure eſt vne ſorte de bonet de la meſme forme que le precedent, la chauſſure eſt tout d'vne venuë, à la Pantalone, mais plus large & plus longue, car elle fait des replis

tout du long, & vient battre ſur les ſouliers en forme de tricouſes,
les ſouliers ſont ſans
bord ny cordon.

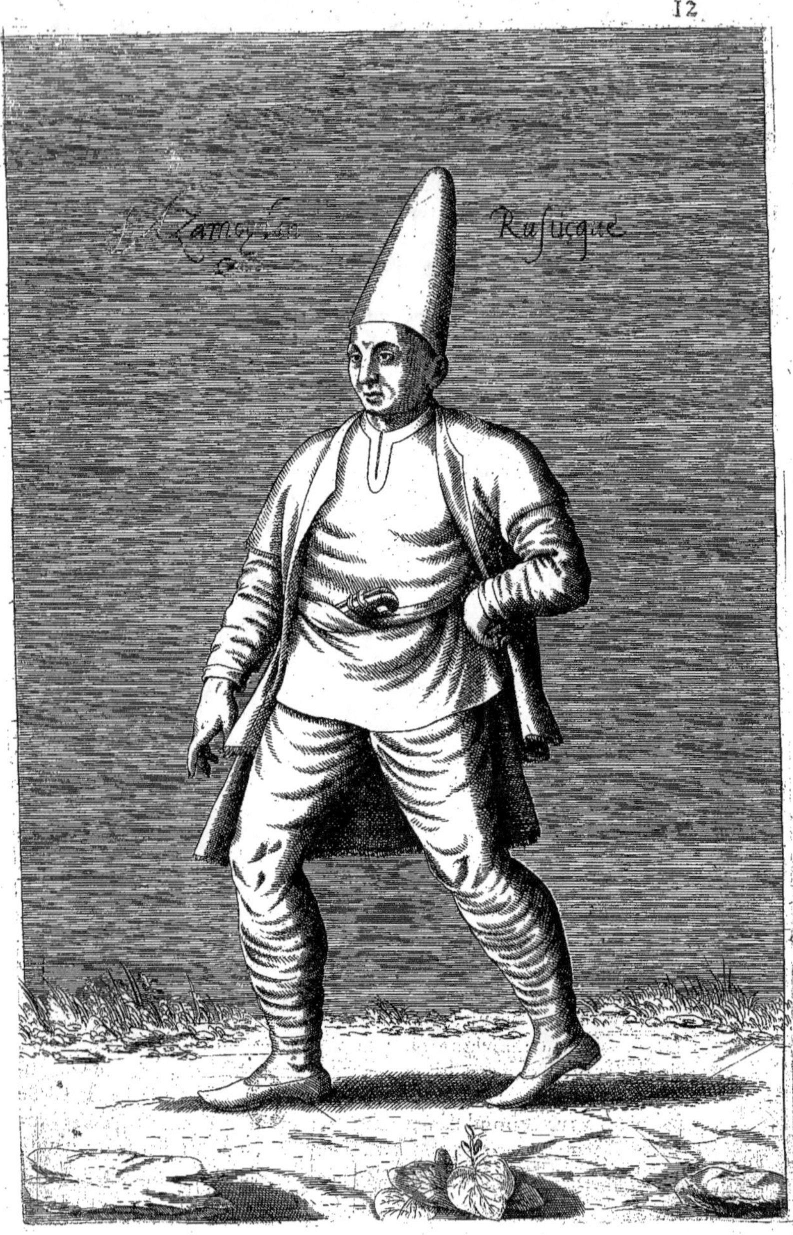

Zamoyski
Rusticque

VTRE ce nombre de Solachis, le grand Seigneur entretient d'ordinaire 80. ou 100. Peichz, ou laquais Persiens, les plus legers & habilles à la course qui se puisse imaginer. Ils ont de douze à quinze aspres par iour, & deux habits par an, de iolie façon, ayant vne sorte de casaque à l'Albanoise, de damas de plusieurs couleurs, ou de satin rayé, elle est assez iuste au corps, & les pants de deuant qui viennent en pointe, sont troussez à vn Corhiach, ou large ceinture, d'ouurage fait à l'esguille, d'or & de soye, qui leur fait deux ou trois tours autour du corps. Cette casaque est toute rôde par derriere, & leur vient batre iusques au iarrets, ils ont les chausses toute d'vne venuë comme tout le reste des Turcs, & fort longues afin qu'elles facent plusieurs replis, comme des bortes à l'Alemande: par dessus passe leur chemise de fine toile de coton blanche, & portent aussi communement vne sorte de petit garderobe de tafetas froncé menu vers la ceinture, lequel leur vient comme à la moitié de la iambe; & afin de ne leur point apporter d'incommodité à la course, il est retroussé & ouuert par deuant. Ils ont à la teste vn haut bourc ou bonet pointu, qu'ils appellent en leur langue Scuff, d'argent battu, auec le tuyau de mesme estoffe bié doré & enrichy de plusieurs pierreries, les vnes fauces, les autres fines selon leur moyen, du haut duquel sort vn pennache d'aigrete & de plusieurs sortes de belles plumes d'Autruche & autres chacũ selon sa fantaisie. Ils ont de plus tout autour des iartieres de petites papillottes d'or & d'argêt auec des grenats qui pendét, & aussi pareillemét à la ceinture à laquelle ils portét vn petit poignard qu'ils appellét entre eux *Bicciach*, emmãché d'yuoire, auec le fourreau de quelque cuir de poisson fort rare. Ils tiennét aussi à la main droicte *Banagiach*, qui est vne petite hache damasquinée, ayant d'vn costé vn large tranchant, & de l'autre vn marteau, & tiennent de la main gauche vn mouchoir, plein de dragée & de côfitures pour leur oster, côme ils disent, l'alteration que leur pourroit causer la violence de leur course, & en ce bel equipage, ils vont d'ordinaire deuãt leur Seigneur quãd il va dehors, non pas côme les laquais marchent icy deuant leurs maistres, car ils vont tousiours sautelãs par caprioles decouppées & fleurées, auec vne dispositiõ admirable, sans reprendre aucunement leur haleine: & pour rendre encores leur façon de faire plus plaisante, & resiouyr d'auantage leur Prince, si tost qu'ils se trouuent en quelque prairie ou belle campagne, ils se tournent le visage vers luy cheminans à reculons sur le bout du pied par sauts & gambades, comme ils faisoient allans en auant, crians à haute voix, *Allau deicherin*, c'est à dire, DIEV maintienne le Seigneur en cette puissance & prosperité. Ils luy seruent de plus à porter ses depesches où il luy plaist; ce qu'ils font auec vne diligence incroyable, car si tost qu'ils ont receu son commandement, ils partent de la main, sautans & bondissans parmy le peuple, crians *Sauli, Sauli*, c'est comme on dit entre nous gare, gare, & ainsi galopans iour & nuict sans prendre relasche iusques à ce qu'ils soyent arriuez au lieu de leur commission.

Des

Peich, ou reider de nation Persienne   Laquais du grand Seigneur

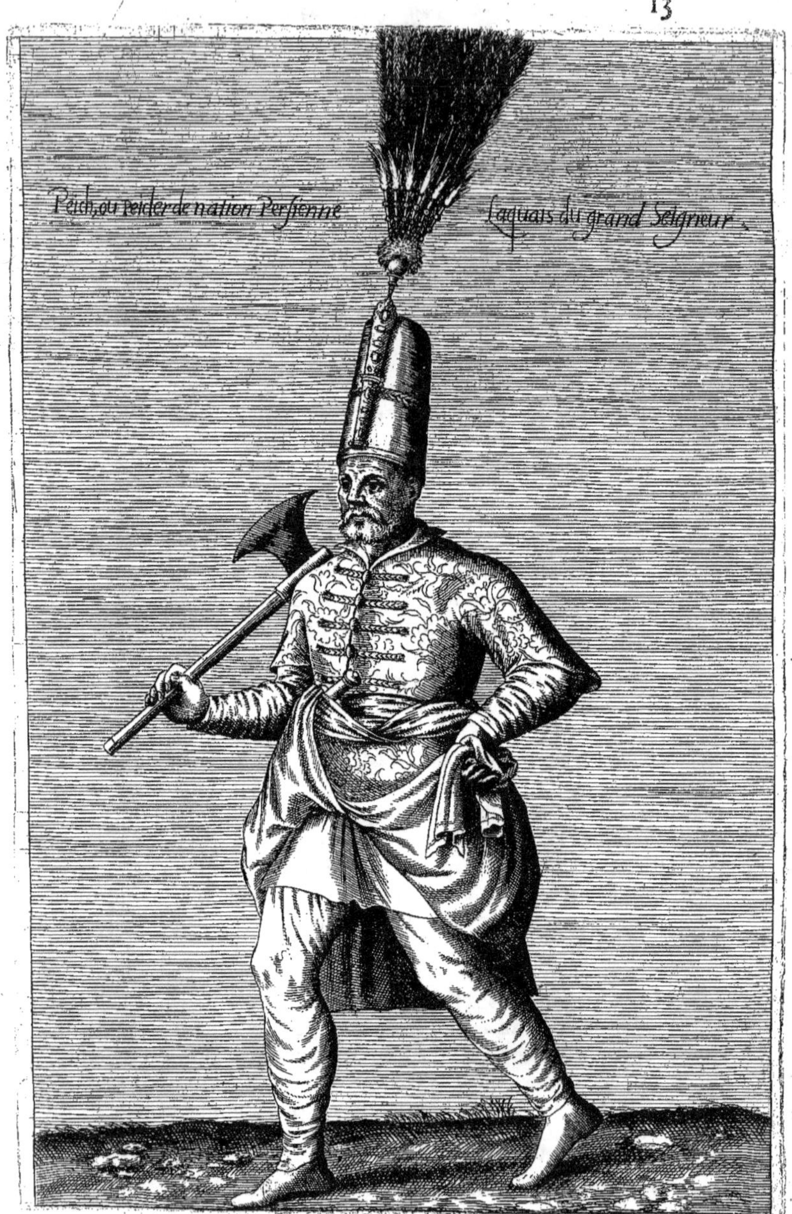

D

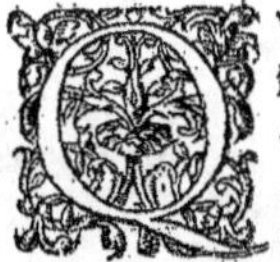

V ANT à ces autres Peichz, ils sont en quelque maniere differens des precedens, mais toutes les manieres de faire de ceux-
cy, ne sont plus en vsage. Car on dit qu'il fut vn temps, que
ces Peichz allans nuds pieds, auoyent la plante du pied tellement endurcie, qu'ils se faisoient mettre de petits fers fort legers comme à des cheuaux, & pour se rendre encor plus conformes à eux, ils
tenoient tousiours dans la bouche en courant, de petites balottes d'argent,
creuses & percées en plusieurs endroicts, tout ainsi que le canon d'vn ieune
poulain, pour la leur tenir tousiours plus fresche, ayáns encor tout plein de
petites cimbales & clochettes, penduës à leurs ceintures & jartieres, qui rendent vn son fort plaisant. Cecy est remarqué par le sieur de Vigine-
re en ses Illustrations: on tient aussi que pour auoir cette
gráde vistesse & legereté, ces Peichz se font consom-
mer la rate en leur ieunesse, par vn certain
moyen qu'ils ont fort
secret entr'eux.

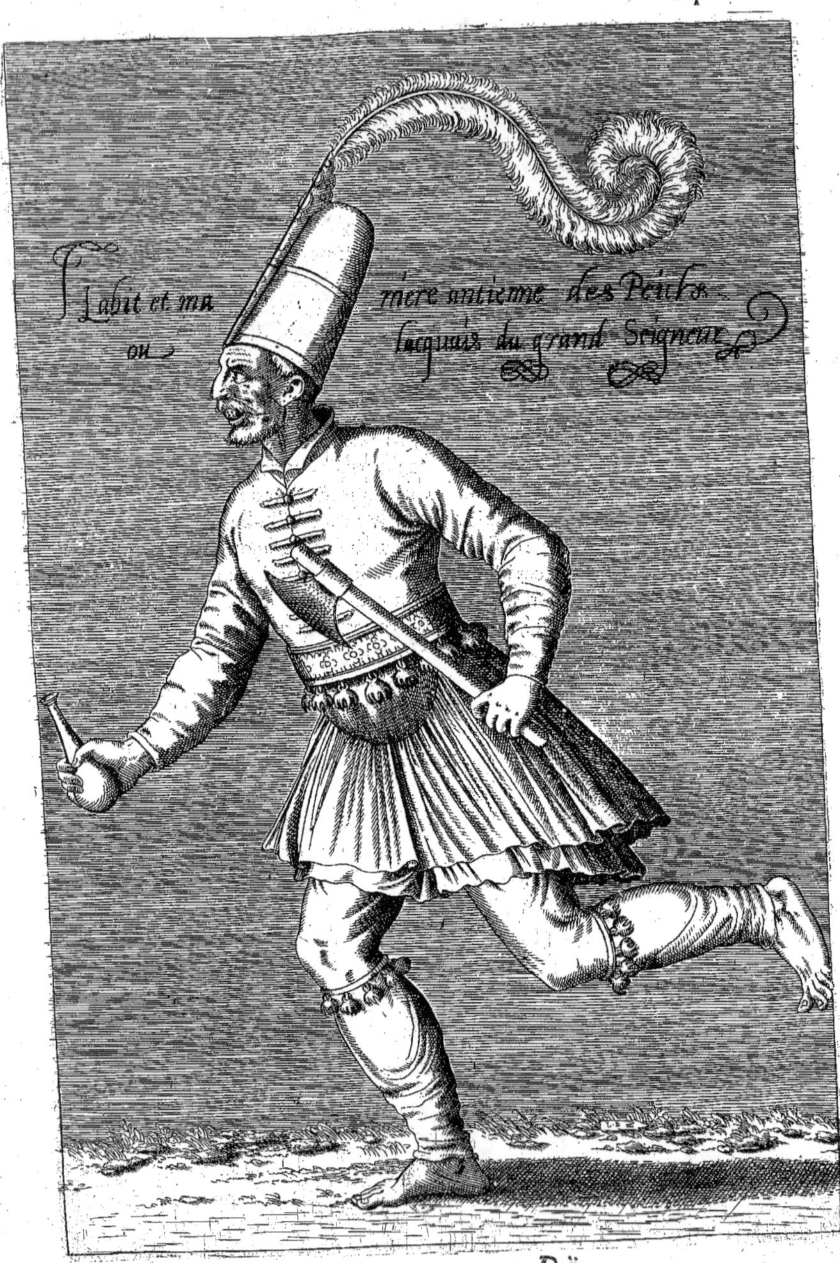
L'habit et ma   niere antienne des Peichs
ou   laquais du grand Seigneur

IL y a aussi des Pleuianders, autrement Guressis ou luicteurs, ausquels le grand Seigneur prend vn extreme plaisir, & pour prendre cette recreation, toutesfois & quantes qu'il luy plaist, il en entretient d'ordinaire pres de luy, enuiron quarante, ausquels il donne de dix à douze aspres par iour de gages, & les fait venir luicter en sa presence, estans tous nuds, horsmis vne sorte de gregues fort iustes sur la chair, qui leur viennent quelque peu au dessous des genoüils, & sont de cuir, tout huilées, côme aussi l'est tout le reste de leur corps, afin d'auoir moins de prise l'vn sur l'autre. Et ainsi se battent auec telle violence, que ne pouuans se prendre au corps à cause de la lubricité de l'huile, ils se mordent le nez & les oreilles, auec pareille furie que des bestes les plus cruelles, emportans la piece par tout où ils addressent, tant pour l'ambition d'emporter la victoire deuant le Seigneur, que pour le desir de gaigner pour le prix d'icelle, quelques ducats qu'il a accoustumé de donner à celuy qui demeure vainqueur, & mesme quelquefois à tous deux, s'ils ont esgallement bien fait à son gré. Le combat finy pour s'essuyer de la sueur, ils iettent sur leur dos, vn barragan ou petite mante de coton, bille-barrée de fil bleu par petis treillis, en façon de lassis. Tel est leur habit, & façon de faire, quand ils sont en luicte, & sont ces Pleuianders de diuerses nations, mais la pluspart Mores, Indiens, ou Tartares, lesquels afin d'auoir encore plus de force, conseruent leur virginité, non pour autre vertu, que pour estre plus propres à cét exercice, ils ne sont aussi aupres du Turc comme esclaues, ains de condition libre, n'ayans autre subiection à son seruice que celle qui a esté ditte cy dessus.

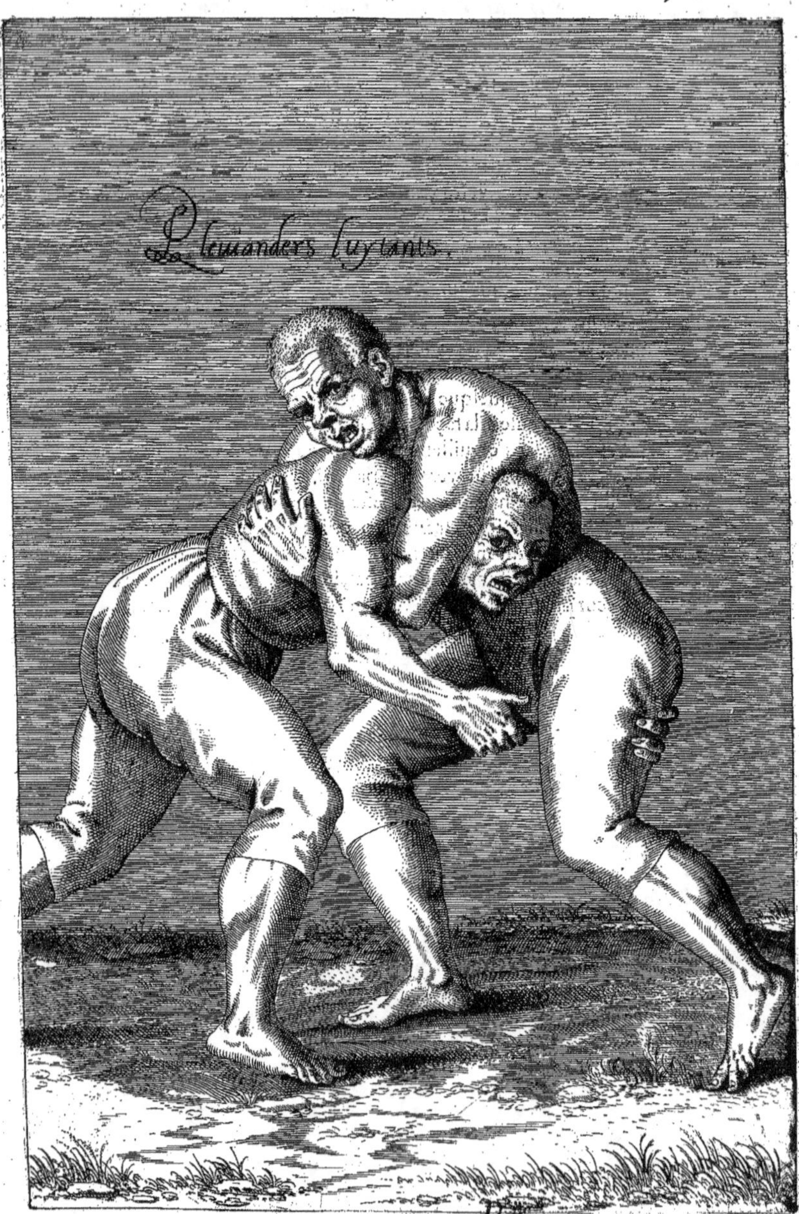

Pleumanders luytants.

APRES auoir fait la defcription de ces braues combatans eftás à la luicte, il ne fera pas ce me femble hors de propos, de dire vn mot de leur maniere & façon d'habit, lors qu'ils font en lieu de repos, ou allans par la ville. Ils font donc veftus, par deffus leurs gregues de cuir, d'vne lóngue foutanne, qu'ils appellent Doliman, qui eft fort efchaffe, & peu froncée, quafi tout iufte au corps, fenduë par deuát tout du long, & boutonnée iufques à la ceinture, & auffi lóng deuant que derriere, fans eftre retrouffé. Ils font ceints auec vne large ceinture de toille, barrée d'or, à la Turquefque, & pour les pouuoir difcerner ils portét à la tefte vne maniere de bonet qu'ils nóment Taquia, fait en forme de moufle, fort approchante de ceux des Polonnois, excepté qu'il n'eft pas pliffé fi menu, lequel eft de velours noir, oú bien de quelque peau d'aigneau de la mefme couleur, pendant d'vn cofté fur l'efpaule, à la façon des Georgiens. Leur chauffure eft affez groffiere & le foulier fans efguillette ny attache, & vont ordinairement douze ou quinze en troupe fans verge ny bafton, f'affeurans tellemét en leur force naturelle, qu'ils font toufiours prefts de prefter le collet à quiconque voudra les attaquer; mais il s'en trouue peu qui le veulent entreprendre, tant pour ne vouloir auoir la honte d'eftre vaincus par telles gens, que pour crainte de la furie de laquelle ils vfent au combat, ioint qu'ils font dreffez à ce meftier dés leur plus tendre ieuneffe, & y font tellement adroicts, que malayfement f'en peut-il trouuer qui les furpaffe, ny mefme qui les puiffe efgaler.

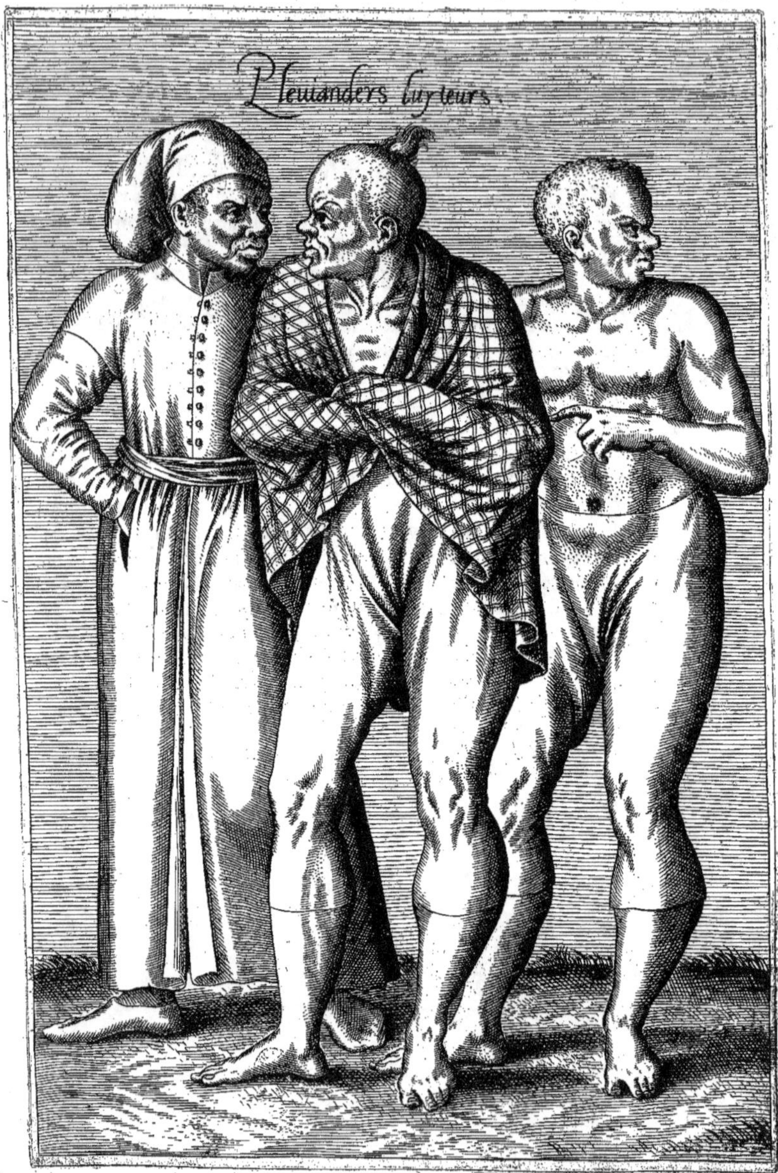
Pleuianders luyleurs.

I L y a encore vne autre sorte de gens de guerre entre les Turcs, appellez Dellys, c'est à dire fols hardis, qui sont comme soldats volontaires, suiuant les armées du grand Turc, sans aucune paye ny solde, excepté ceux qui sont à la suitte des Sanjacs & Beglierbeis, qui ont de quatre à cinq cens escus de pension. Or pour paruenir à ce nom de Delly, il faut qu'vn seul emporte la victoire de huict ou dix hommes de cheual, les ayans vaincus au combat, & pour ce faire il semble que la nature leur ayt donné vne force & puissance corporelle par dessus tous autres, auec vne certaine adresse d'escrime non commune, qui leur fait tousiours emporter le dessus de ceux qui veulent esprouuer leur force. Ils sont tous Européens, & equipez d'vne fort estrange maniere, portans vn juppon, & de longues & larges chausses, que les Turcs appellent Saluares le tout de la peau d'vn ieune Ours, le poil mis en dehors, auec cela des brodequins de Marroquin jaune, pointuës par deuant & fort hautes derriere, ferrées par dessous, auec des esperons d'vn pied de long: en la teste au lieu de salade, ils ont vne sorte de bonet à la Georgienne, penchant sur l'espaule, fait de la peau d'vn Leopard bien moucheté, & sur le deuant d'iceluy, en forme de panache, est attaché en large, la queuë d'vn Aigle, & les deux ailes sont attachées auec de gros clous dorez, sur la targe qu'ils portent penduë au costé en escharpe. Leurs armes sont le Cimeterre & le poignard: estans à cheual, ils ont à l'arçon de la selle le Busdeghan, ayant à la main droite, vne lance creuse qu'ils appellent bourdon, plus longue & plus grosse que les nostres, ayant vn fer au bout d'enuiron demy pied de long, & au droit de l'enchassure vne plume d'Aigle en lieu de banderolle, leurs cheuaux sont fort beaux, & caparaçonnez de la peau entiere d'vn Lyon. Cette sorte d'habit semble
fort monstrueuse & espouuantable, aussi sont-ils
choisis expres pour estonner de premier
abord leurs ennemis, afin de les
dompter auec plus
de facilité.

Belly de nation
Parthique qui signifie
Sol hardy ou enfans perdu

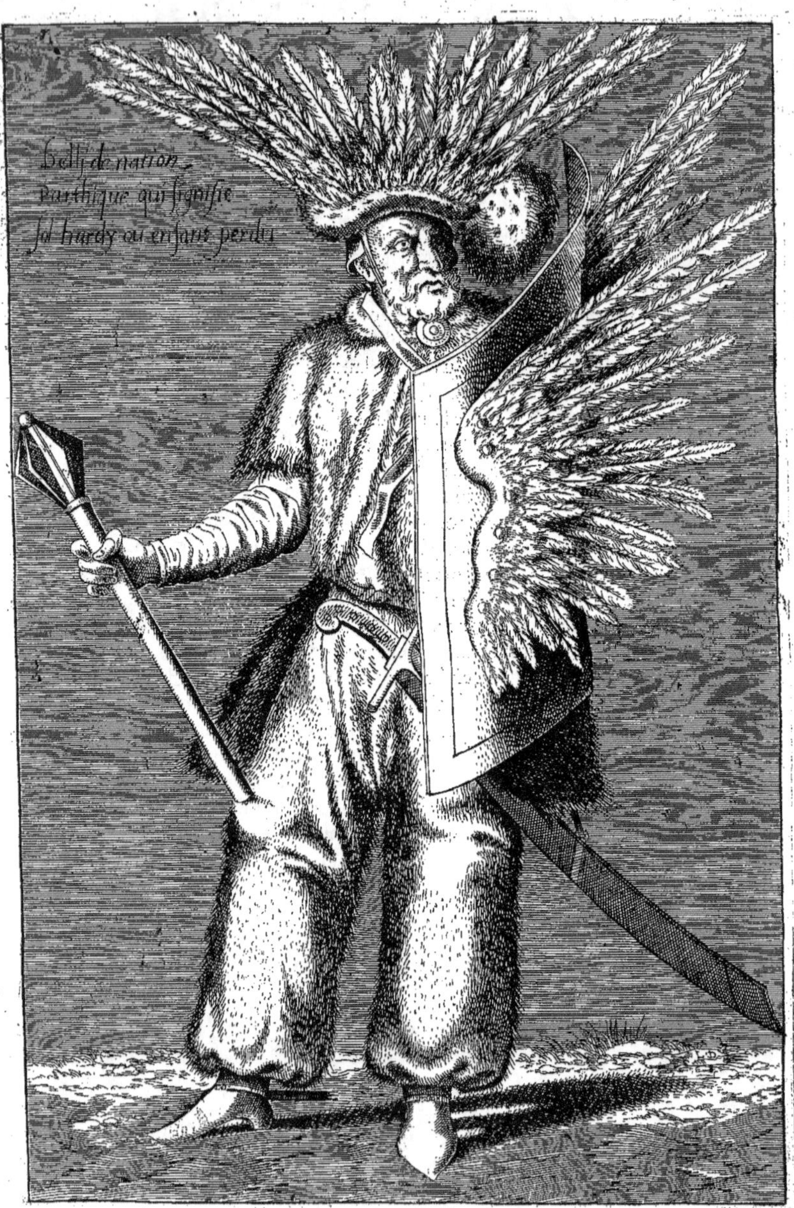

E

ETTE figure semble auoir quelque conformité auec la precedente, d'autant qu'elle represente des hommes pleins de ra-
ge & de furie, se battant cruellement de gré à gré, pour donner plaisir aux regardans. Et ces yurongnes ayans perdu toute
raison & iugement, vsent quasi de telle cruauté enuers ceux
qu'ils rencontrent en leur chemin, allans par la ville hurlans côme des chiens,
ou des loups, car d'autant que cette nation n'vse de vin que fort rarement,
leur estant expressément defendu par leur loy, lors qu'ils en peuuent auoir à
commandement, (pourueu principalement que ce ne soit à leurs despens)
ils en prennent auec telle abondance, qu'ils en sont non seulement troublez,
mais comme tous forcenez. Et à cause que le vin est rare en ce pays, ils vsent
plus cômunement d'vne sorte de breuuage, qu'ils appellent Sorbet, & d'vne
composition faite auec du Pauot blanc ou Opium, & d'icelle vsent non seulement les Turcs, mais aussi les Perses, & autres peuples du Leuant, ayans opi-
nion que cela leur purge l'humeur melancolique, les tient tousiours le cœur
ioyeux, & les rend plus forts & courageux à la guerre, duquel Opium ayans
pris enuiron vne dragme seulement, ils sont tellement troublez & alienez de
leur esprit, qu'ils ne peuuent marcher que tout chancelans, ny parler qu'auec
des cris & hurlemens espouuantables, & est fort dangereux principalement
aux Chrestiens, & aux Iuifs, de se trouuer en leur chemin, pour ce que les plus
dangereux de tous ces yurongnes, sont les Azamoglans, les Azapes, & Leuantins, tous Chrestiens reniez, & mortels ennemis de ceux qui auec plus de
constance & de vertu, sont demeurez en la foy du Christianisme.
Pour le regard de leurs accoustremens, l'Azamoglan
a esté cy deuant descrit, le Leuan-
tin & l'Azape, le seront
cy-apres.

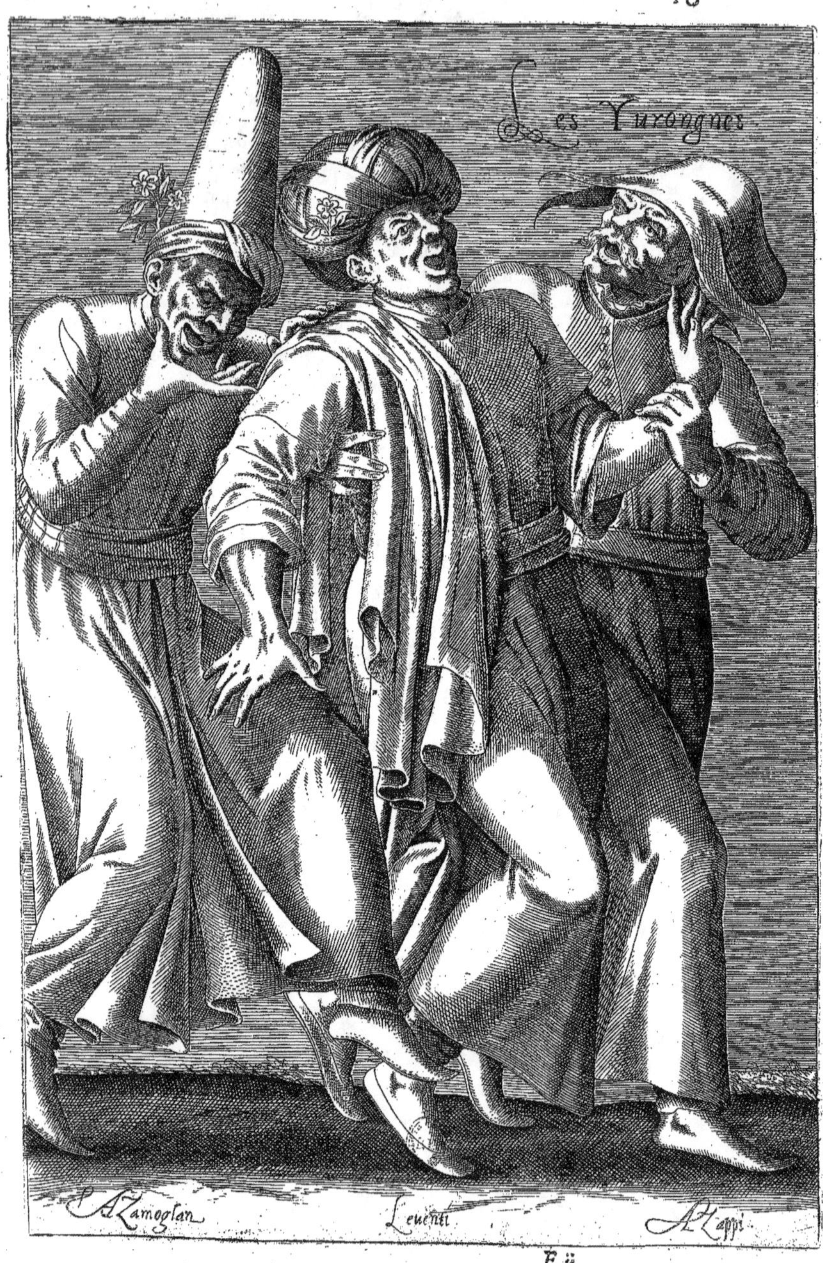
Les Yurongnes
Azamoglan
Leuenti
Alappi

Dans le Serail du grand Seigneur il y a deux cuisines, l'vne secrette, qui est pour sa personne, & l'autre publique, qui est pour toute la maison, où sont employez enuirõ cent soixante hommes, tant maistres, qu'aydes & vallets; les maistres trauaillent chacun leur iour, & se reposent tour à tour, & les vallets trauaillent continuellement, les maistres de la cuisine secrette, ont de dix à quinze aspres le iour, & ceux du commun, de sept à huit, & les graçons trois, & sont tant les vns que les autres, habillez vne fois l'an. Les cuisiniers de la bouche, ont chacun vn fourneau, qui est fait en façon d'vn pot de fer, dans lequel ils mettent des charbons, & dessus vn gril à part, où ils font cuire les viandes auec du feu de charbon seulement, craignant qu'elle ne sente la fumée, estant cuitte, ils la mettent dans des plats de porcelaine, & la baillẽt aux Sesigners, que nous appellõs Escuiers tranchans, ou Gentils-hõmes seruans, & y a encore par dessus tous ces cuisiniers, de l'vne & de l'autre cuisine, quatre superieurs. Le premier est appellé Argibassi, qui a la charge sur icelles, & particulierement de faire payer les officiers, & leur faire departir leurs habillements tous les ans, & pouruoir à ce qui est de besoin, quand le Prince va à la guerre ou ailleurs. Le second, appellé Emimmutbassi, ou grand argentier, qui ordonne de toute la despéce des cuisines & distribution de l'argent. Le troisiesme est le Checaya, qui a la mesme charge que les maistres d'hostels ont icy, à sçauoir de voir tout ce qui entre & sort des cuisines, & mettre ordre à la police de tout ce nombre d'officiers. Le dernier est appellé Muptariabassi qui tient le compte, & escrit toute la despéce qui s'y fait, & ordonne iournellement des sortes de viádes qu'il faut au grand Seigneur, & à toute sa maison. Quant à la maniere des viandes, elles sont apprestées fort grossierement, & sans larder, car il leur est defendu par leur loy d'vser de pourceau, ils ne font aussi saulces ny desguisements, mais mangent le plus souuët leurs viandes rosties, non autrement que sur le gril, à la maniere qui a esté ditte cy-dessus. Quant à l'habit des cuisiniers, ils portent vne sorte de saye de Maroquin noir, qui se boutonne par deuant, auec de gros boutons d'estain. Ils ont vne large ceinture rayée d'or ou de soye, & de pareille estofe, vn sorte de seruiette dans laquelle ils mettent la viande quand ils la prennent pour l'accommoder: ils portent à la teste la Zarcola blanche, cõme les Iennitzaires, excepté qu'il n'y a point de cercle d'or à l'entour, ny de tuyau au deuant, ny aussi de panache, ny aucune enrichissure & autre ornement, qu'vne sorte de cordon tortillé, quasi comme ceux que portent quelques vns de nos François. Leur chaussure est aussi toute pareille à celle des Iennitzaires.

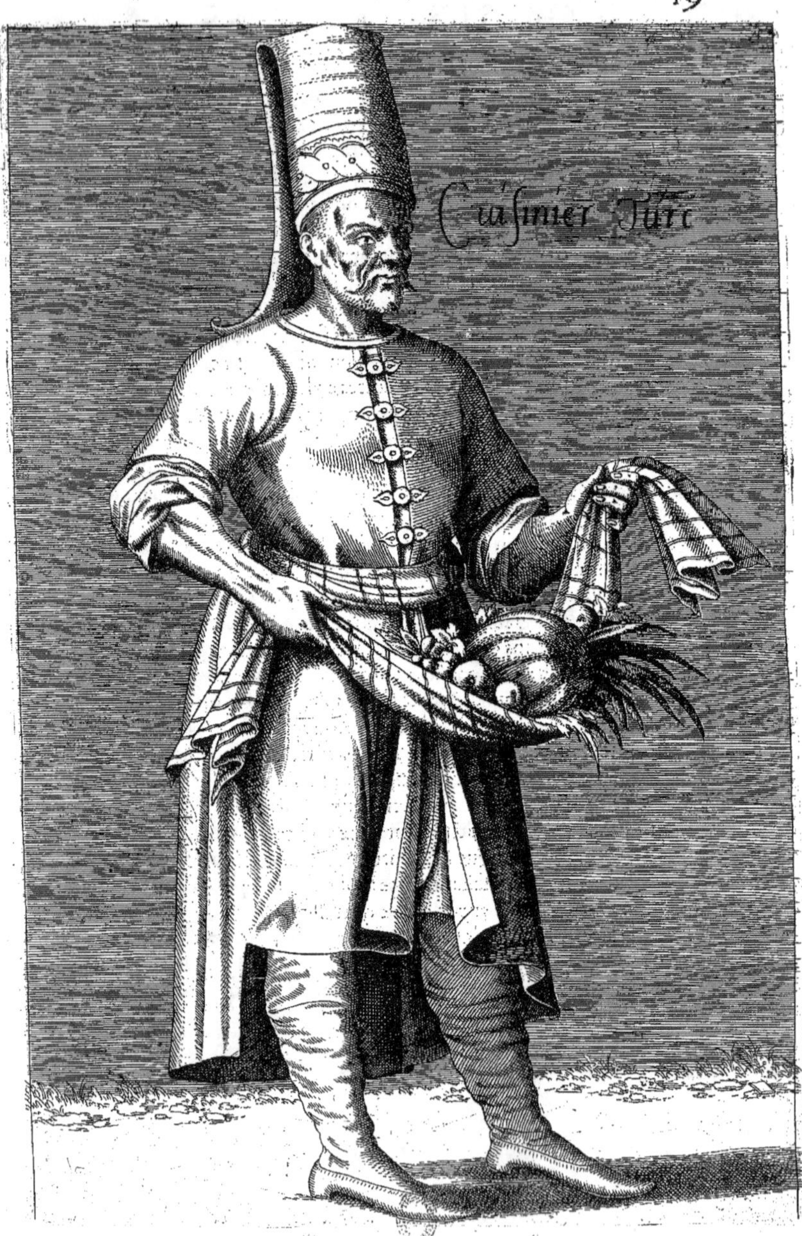
Cuisinier Turc

VILLAGEOIS GREC
appellez Voinuchs.

N sçait aſſez que par tous les lieux qui ſont ſous la domiña-
tion du Turc, nuls des Chreſtiens de quelque qualité qu'ils
ſoyent, ne ſont exempts de luy rendre tribut, ſoit des enfans, des biens ou des perſonnes meſmes. Il y a donc en la
Grece & Boſſine, certains villageois Chreſtiés, non reniez,
exempts de tailles & tributs d'argent, mais ils ſont tenus de ſe donner eux-
meſmes au ſeruice du grand Seigneur, ſous l'obeiſſance d'vn Sanjac, qui tous
les ans en fait vne leuée de mille, qui ſont appellez Voincler ou Voinuchs,
qui ne ſont tenus comme eſclaues, mais ſeruans à leurs deſpens, & ſi cette loy
eſt ſi rigoureuſe, que ceux qui n'y veulent obeïr, ſont contraints de bailler appointement, pour en deffrayer d'autres en leur place. Si toſt donc que ces ſor-
tes de gens ſont arriuez à Conſtantinople, ils ſe vont preſenter au grand Seigneur, auec chacun vn boteau de foin ſur l'eſpaule, pour monſtrer en quoy
conſiſte leur ſeruice, puis ils ſont incontinent menez au grand Eſcuyer, qui
leur donne leurs departemens aux eſcuries, pour pratiquer leur office, qui eſt
de mener les cheuaux à l'herbe en temps de paix, & à la guerre ſuiure l'armée,
& tous les iours ſi toſt que le camp eſt poſé, ils vont ſoyer & faucher de l'herbe, pour la nourriture des cheuaux. Voyla à quoy ſont employez les Voincler; & d'autant qu'ils ne touchent aucuns gages, n'ayans pour toute recompence de leurs coruées, que l'exemption des tailles & decimes en leur païs, ils
employent le temps qui leur reſte apres auoir fait ce qui eſt de leur ſeruice,
à aller par les ruës auec de gràdes cornemuſes, faites de la peau d'vne Cheure
jouans & danſans pour aſſembler le peuple, lequel prenant grand plaiſir à ce
paſſe-temps, leur donne touſiours quelque piece d'argent, qui leur ayde à viure, ſuruenant par ce moyen à leur pauureté. Ils ſont habillez aſſez approchant de nos bergers, portans vne ſorte de ſeqnie vn peu courte, auec vne
large ceinture à laquelle ils pendent deux couſteaux & vne eſpece de godet,
ils ont vne ſorte de chapeau faiſant deux pointes, dont l'vne ſabaiſſe par derriere, & l'autre plus longue & pointuë & recroquillée par deuất. Leurs chauſſes ſont aſſez longues, faiſans force replis vers le bas de la jambe, ils portent
des ſouliers qu'ils font eux-meſmes de treſſe de jonc fort ioliment entrela-
cez, & portent la cheuelure longue.

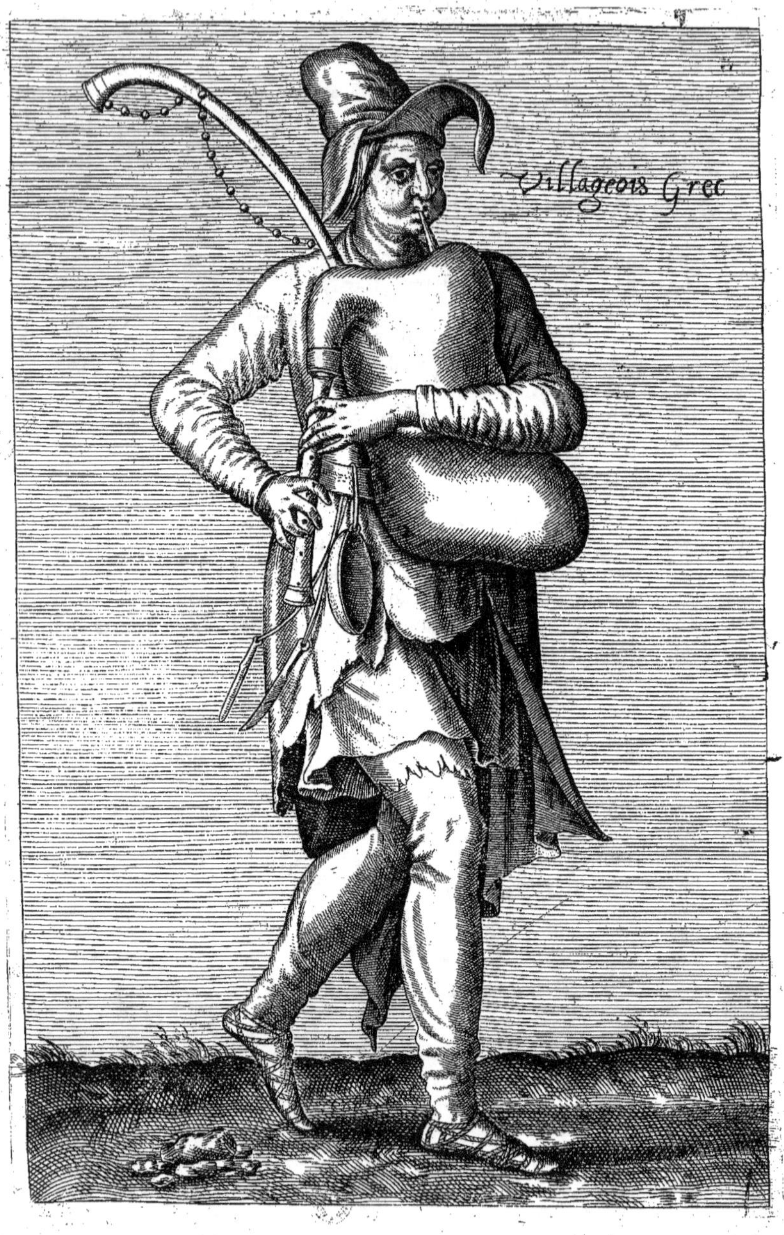
Villageois Grec

Autant qu'il est fort difficile, voire mesme impossible, que parmy vne si grande affluence de peuple, qui est d'ordinaire au Serail du grand Seigneur, il n'y en ayt tousiours quelque quantité de malades, il est bié necessaire, que pour subuenir aux inconueniens qui en pourroient arriuer, il y ayt vn nombre de Medecins entretenus aux despés du grand Seigneur. Il y en a donc dix qu'ils appellent Echin, & dix autres qu'ils nomment Geracler, c'est à dire Barbiers, lesquels sont députez au seruice de toute la Cour, & n'ont autre appointement que de dix aspres le iour, & quand il y a quelqu'vn malade, l'vn d'eux en fait son rapport au Seigneur, luy demandant permission de le panser, car autrement il ne l'oseroit entreprendre, & lors qu'il luy a permis, on fait porter le malade en vn autre lieu du Serail destiné pour cela, & là il est pansé & solicité auec beaucoup de soin, le Medecin estant obligé de le voir quatrefois le iour, & si le mal croist & qu'il soit besoin de plus grande assistance, tous les autres Medecins sont tenus d'y aller. Les Barbiers ont pour obligation plus particuliere, d'aller tous les iours lauer la teste aux ieunes enfans que le Seigneur fait garder au Serail, quant à la barbe, ils n'ont que faire de la couper, car ils n'en ont point encore, & si tost qu'elle leur commence à venir, on les met hors du Serail, à quelque autre charge ou office, & s'il arriue à ces ieunes gens quelque playe ou autre maladie, les Barbiers n'oseroiét non plus que les Medecins, entreprendre de les panser sans en auoir premierement demandé congé à l'Empereur, & mesme si quelqu'vn se veut faire arracher vne dent, ils ne l'oseroient faire sans sa volonté, que s'il leur arriuoit de ce faire pour argent, ou autre recompence, le grand Seigneur leur en feroit arracher vne à eux-mesmes : ces Barbiers ont aussi quelques gages du Prince, outre ce qu'ils peuuent practiquer du peuple. Quant à l'habit des Medecins Turcs il n'est point different de celuy du commun peuple : mais le Iuif porte en la teste, au lieu du Tulban iaune, propre à la nation Iudaïque, vn haut bonet pointu, en forme de pain de sucre, qui est de couleur d'escarlate, ils ont aussi vne longue robe fort ample en façon de doliman, mais plus courte, ayant de petites manches qui pendent derriere vn pied ou enuiron, plus courtes que le bout de la robe, & ne portét point de ceinture par dessus estant vestu tout d'vne venuë, la chaussure est pareille à celle des Iennitzaires. Voila à peu pres la description de leur habillement, & de leur charge & condition.

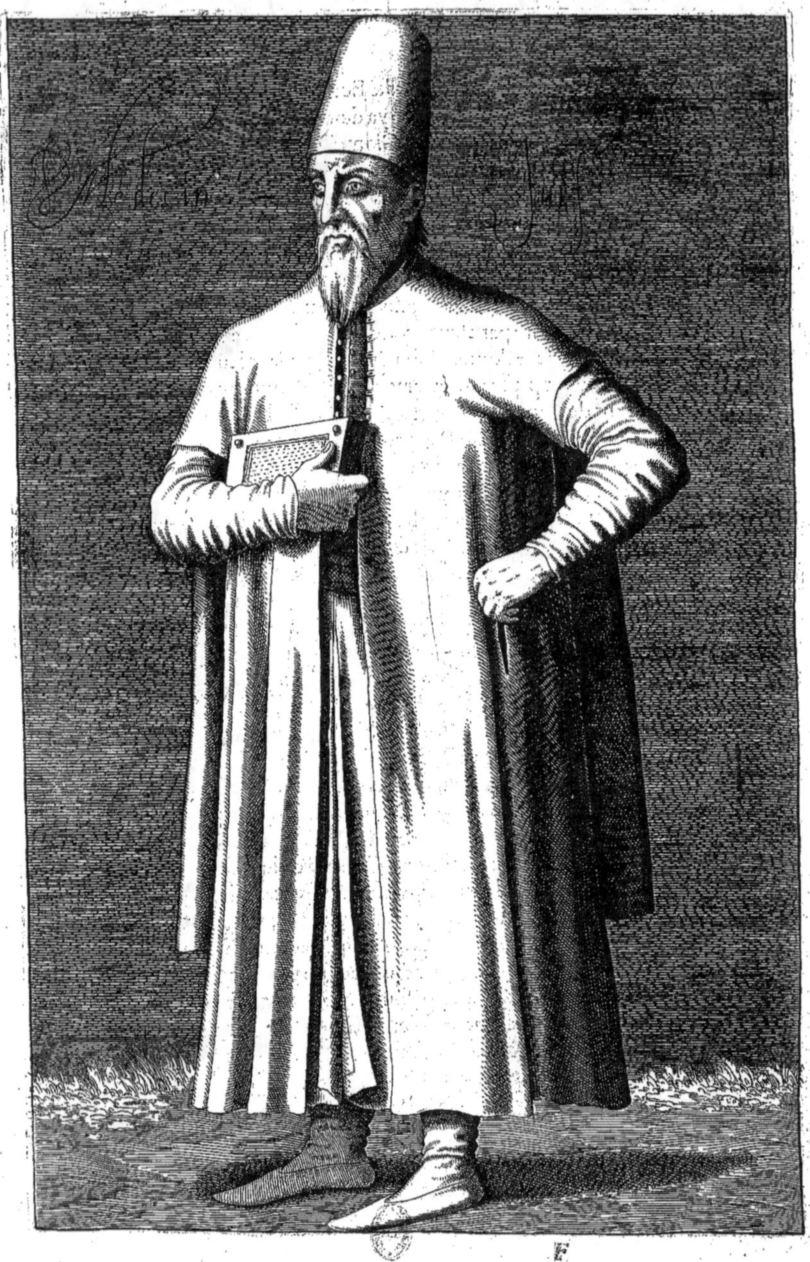

E

OVTRE cét ordre Ecclesiastique, tant honoré & estimé entre les Turcs, il y a de certains ordres de religieux, dont les vns s'appellét Giomailer, qui sont de ieunes hômes, beaux de taille & de visage, pour la plus-part de maisons riches & illustres, lesquels pour le grand desir qu'ils ont de voir le pais, se desbauchent sous ce nom de religion, & voyagent par la Barbarie, la Perse, les Indes & la Turquie: & d'autant que la meilleure partie d'entr'eux sont gens de lettres, ayans employé leur ieunesse à l'estude, ils prennent fort grand plaisir à discourir de ce qu'ils ont veu en leurs voyages, voire mesme iusques à en mettre par escrit les choses les plus rares. Ils n'ont autres regles à obseruer, que de se donner du bon temps, passans leur vie en lasciueté & lubricité, beaucoup plus mondains en leurs deportements, que ne sont ceux qui le sont de nom & d'effect. Ils n'ont autre habit, qu'vne sorte de Tunique sans manches, de couleur de pourpre, qui ne leur viét qu'à demy pied au dessus des genoüils, auec vne large ceinture de soye & d'or, belle & de grand prix, aux deux bouts de laquelle pendent de certaines petites clochettes d'argent & autre metail sonnant. Ils sont nuds de tout le reste du corps, & portét encores des clochettes ou cimballes pareilles aux autres autour des jarrets, en façon de iartieres, ils ont aux pieds de certaines sandales de cordes, & portent sur leurs espaules, la peau entiere d'vn Lion, Leopard, Tigre ou Panthere, selô leur fantaisie, qu'ils attachent par les deux jambes de deuant, en maniere d'vn manteau, le reste va comme il peut, ils vont aussi la teste nuë, estans fort curieux de leur cheuelure qu'ils portent fort lôgue & esparpillée, vsans de beaucoup d'artifice pour la faire croistre, & principalement de Terebinthe & vernis, adiouftás encore du poil de chevre, duquel on fait les camelots, qu'ils ioignent auec le leur naturel, afin qu'ils paroissent plus beaux & plus longs. Ie croy que nos dames auec leurs fauces perruques les veulent imiter, aussi bien qu'aux anneaux d'or ou d'argent & autre metail qu'ils portent aux oreilles: Ils tiennét à la main d'ordinaire vn certain liure escrit en langue Persienne, remply de diuerses chansons & sonnets d'amour de leur compositió qu'ils chantent, marians la voix à leurs petites clochettes & cimballes, & font ainsi vne musique fort harmonieuse, principalement s'ils rencontrent en leur chemin quelque bel adolescent, c'est lors qu'ils se delectent d'auantage, l'entourans & mettans parmy eux pour tascher de le seduire par leur chant lascif, duquel ils se seruent aussi allans par les maisons donner ce passe-temps, pour auoir de chacun quelque aspre que l'on leur donne: Ils sont aussi fort entendus à suborner les femmes, & les attirer à eux par diuers moyens, c'est pourquoy les Turcs mesmes les appellent religieux d'amour, car c'est leur principal office.

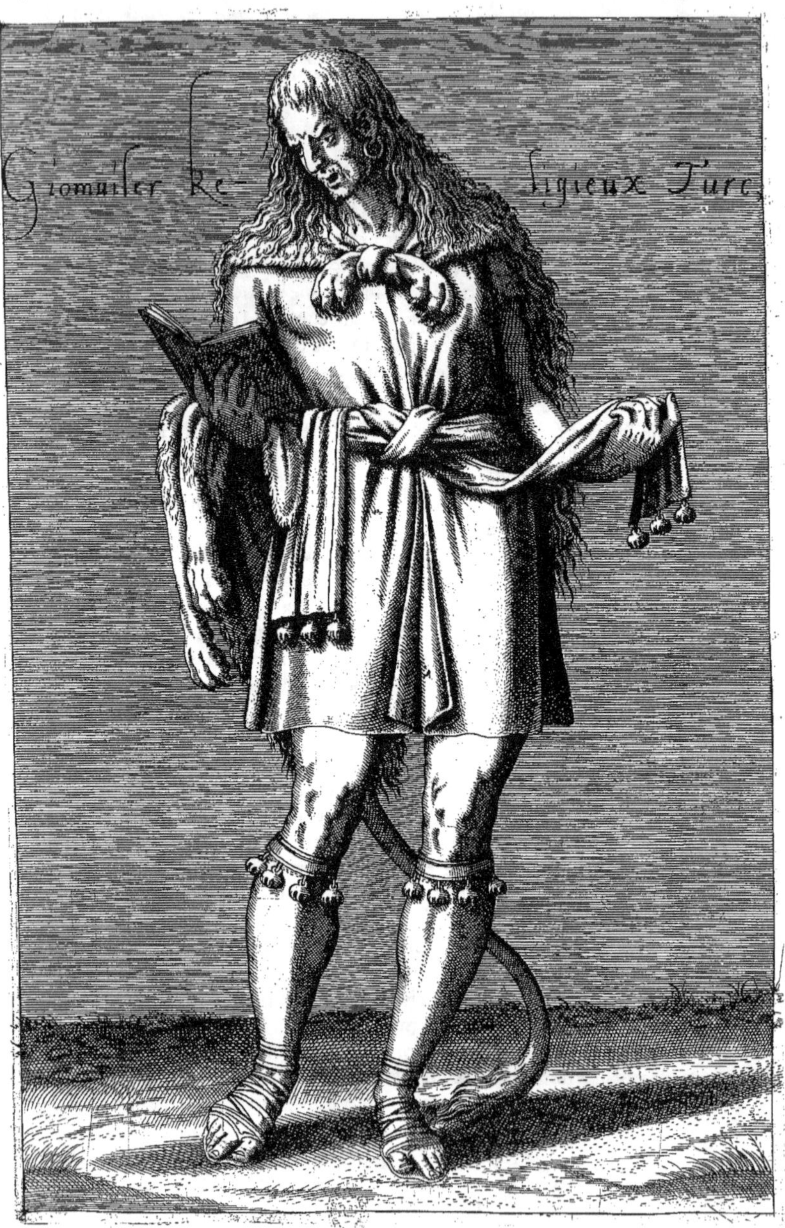
Giomailer Re-   ligieux Turc,

VOICY vn autre ordre de religieux, aussi different du precedent, que le vice est dissemblable de la vertu, car les vns passent
leur vie à la lubricité, & ceux-cy nommez Calenders, font pro-
fession de perpetuelle chasteté, & grãde abstinence & sainſteté
de vie, au moins en apparence, si elle ne l'est en effeſt. Ils ont pour leur retrai-
ſte, de certaines petites Esglises, qu'ils appellent Techie, sur les portes desquelles sont mis des escriteaux, cõtenans ces mots, *Cacda normac dilersim cusciunge,
al chachec ciur:* c'est à dire en nostre langue, quiconque voudra entrer en leur
religion, doit faire les mesmes œuures qu'ils font, & garder comme eux virginité & abstinence. Ils portent vne sorte de haire faite de laine & de crin de
cheual, ils ont les cheueux raz, & en la teste vne sorte de chapeau de feustre,
à la façon des prestres Grecs, autour desquels ils mettent vne sorte de frange
de la longueur de la main, qui est fort dure, estant de crin de cheual: ils portent aux oreilles des anneaux de fer, & pareillement au col & aux bras, ils ont
aussi de coustume de se percer la peau, au dessous de la natute, & y mettre vn
anneau de fer ou d'argent, afin que de force ou de bon gré, ils puissent garder la chasteté selõ leur reigle. Ils n'ont aucune sorte de chaussures ny sandal-
les, car ils vont tous pieds nuds en quelque temps que ce soit, ils ont aussi certains liures, où ils lisent & chantent en langue vulgaire plusieurs composi-
tions faites par vn nommé Nerzimi, le premier de leur ordre, lequel pour
auoir dit quelque chose contre la loy de Mahomet, fut par l'ordonnance de
la Iustice, escorché tout vif en Azimie, & pour ce ils le tiennent pour sainſt &
martyr, & ensuiuent entierement les reigles de son ordre, & viuent d'aumosnes: Quelques vns ont escrit qu'ils auoyẽt veu quelques liures de ce Nerzimi,
par lesquels il tesmoigne en beaucoup de choses approuuer la religionChre-
stienne, parlant d'icelle auec grande reuerence.

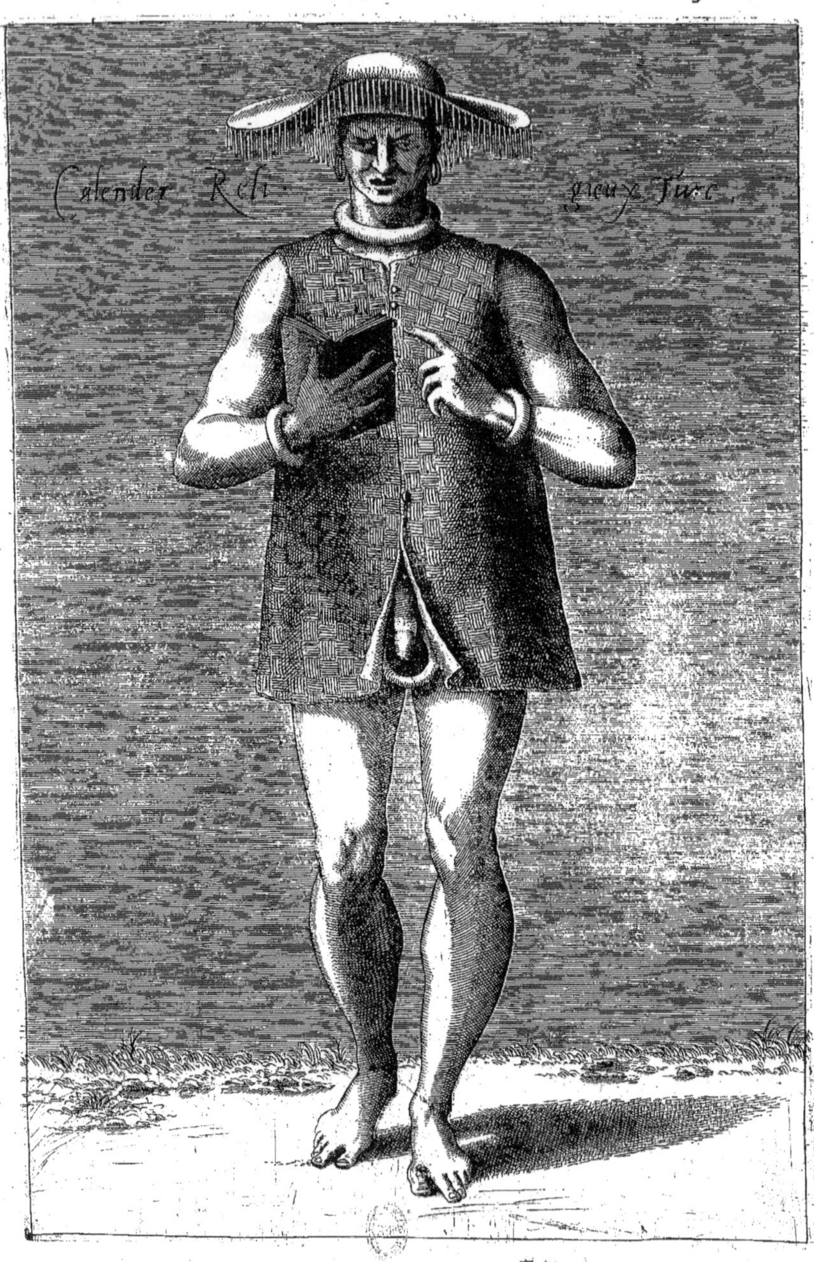

F iij

E troisiesme ordre des religieux, sont appellez Deruis, tous differents des precedents. Ils ont la teste nuë comme tout le reste
du corps, & se font raser tout le poil; & brusler les temples auec
vn fer chaud, ou du vieil drap bruslé, pour leur desseicher, disét
ils, le cerueau, ils ont les oreilles percées, ausquelles ils mettent des anneaux de
pierres fines ou de iaspe, ils se couurent deuant & derriere de deux peaux de
mouton & de cheure auec le poil, seichée au soleil, ils portent à la main vn ba-
ston court & gros & fort noüeux, auec vne petite hache de laquelle ils s'aidét
souuét, pour faire quelque outrage à ceux qu'ils rencontrent par hasard à leur
aduantage. Ils demeurent en diuers endroits de la Turquie, mais l'esté ils vont
par le païs viuans d'aumosnes, laquelle ils demandent en cette façon, *Sciai mer*
daneschine, c'est à dire donnez l'aumosne en l'honneur de ce vaillant homme
Haly gendre de Mahomet, qui a esté la premier en l'exercice des armes entre
nous: ils ont encore en la Natolie, le sepulchre d'vn autre de leurs saints, qu'ils
appellent Scidibatal, par lequel ils disent que toute la Turquie a esté conqui-
se, c'est en ce lieu qu'est leur principale retraicte, où il y a bien cinq cens des
leur, là où tous les ans ils tiennent vne sorte de chapitre general, auquel se
trouuét bien huit mille Deruis, auec leur general appellé Assambaba, c'est à dire pere des peres, ils sont là sept iours passans le temps ioyeusement, quelques
vns entr'eux des plus doctes & ieunes, sont vestus de blanc iusques au genoüil, qui racontent chacun à son tour ce qu'ils ont veu & appris en leurs pe-
regrinations, ce qui s'escrit auec le nom de l'autheur, & est presenté au general. Le vendredy qui est leur dimanche, ils font vn festin en quelque belle prairie proche de leur lieu, où ils mangent sur l'herbe, leur general estant assis au
milieu, & entouré des plus doctes: apres le repas ils font vne sorte de priere à
DIEV, crians à haute voix, *Alla Ac Abul*, c'est à dire, Dieu ayt nostre oraison
agreable. Ils ont aussi d'vne certaine herbe, qu'ils appellent Matslach de laquelle ils mangent tous, & incontinent apres ils deuiennent si troublez qu'ils
ne sçauent ce qu'ils font. Apres cela ils font vn grand feu, & se prenans par la
main dansent à l'entour chantans des louanges de leur ordre, puis tirans chacun leur cousteau, ils se tailladét auec la pointe, les vns sur les cuisses, les autres
sur l'estomac ou sur les bras, despeignans ainsi qui vn arbre, qui vne fleur, qui
vn cœur navré, disans voila pour l'amour de celle que i'ayme, puis apres ils
s'approchent du feu, & appliquent de la cendre chaude sur leurs playes, auec
vn champignon qu'ils laissent dessus, tant qu'il soit tout consumé, & se gue-
rissent par ce moyen: Toutes leurs ceremonies finies, chacun prend congé du
general, & s'en retournent par troupes, auec des enseignes & tambours comme des gens-darmes, demandans l'aumosne le long du chemin. Ces manieres de gens ne sont pas fort bien venus en Constantinople, pour ce qu'autresfois vn des leur voulut tuer le grád Seigneur, d'vne espée qu'il portoit cachée
sous le bras, toutesfois les Turcs ne laissent pas d'vser enuers eux de quelque
charité, & leur donner quelque aumosne.

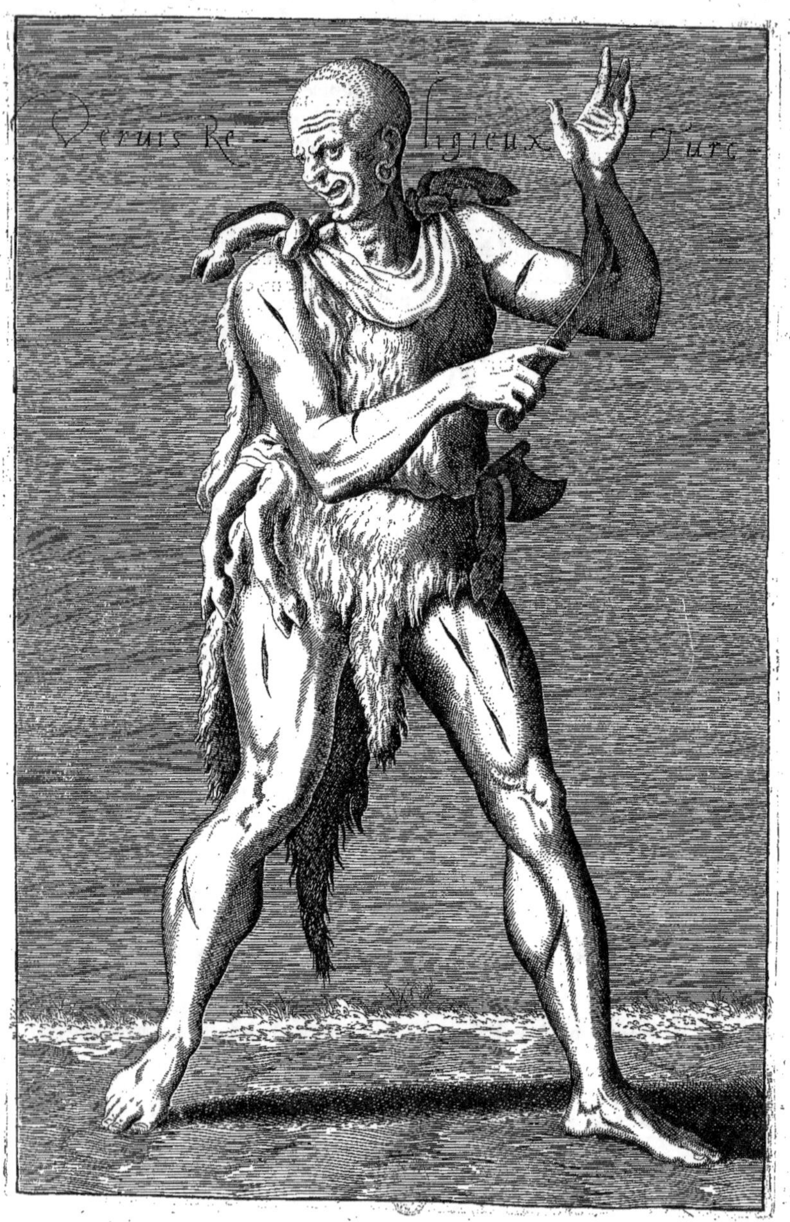
Vieux Re- ligieux Turc

LEs Torlaquis sont encore d'autres sortes de religieux, qui vont tous nuds comme les Deruis, mettás aussi deux peaux de mouton & de chevre seur eux; mais ils ont encore de plus en forme de manteau, vne grande peau d'Ours auec le poil, qu'ils mettét sur leurs espaules, l'attachás par les deux jambes de deuant. Ils ne vont pas aussi la teste descouuerte, car ils portent dessus vne sorte de haut bonet de feustre blác, tout plissé par gros plis en façõ de tuyaux d'orgues depuis le bas iusques au haut, qui viét vn peu en pointe, sans bord ny cordõ à l'entour. Leur façõ de viure est plus approchant de celle des bestes que des hommes, d'autant que nul d'entr'eux ne sçauét ny veulét sçauoir lire ny escrire, ny autre chose, quelque ciuile ou vtile qu'elle soit, ains passent toute leur vie en oisiueté : ils employent le temps à aller aux cabarets & lieux semblables, demãder l'aumosne & chercher quelque repeuë franche. Ils võt aussi quelquesfois en troupe par les deserts, où si par hazard ils rencontrent quelqu'vn en bon equipage, ils le destroussent & le font aller tout nud comme eux, & allás par les villes, ils s'accostent effrontement des femmes qu'ils rencontrét, sous pretexte de sçauoir dire la bonne fortune, par les lineamens de la main où ils regardent, comme s'ils auoyent beaucoup estudié en la Chiromantie, en quoy ils sõt aussi ignorans qu'en toute autre chose, neantmoins la simplicité de ce peuple, ne laisse pas d'y adiouster foy, & à cette occasion leurs portent souuent des œufs, fromages, & autres choses necessaires pour leur vie. Cestuy-cy est vn des abus pl⁹ remarquables qu'ils commettent, c'est qu'ils menent auec eux vn vieillard qu'ils honorent & reuerét, comme si c'estoit quelque sainct venu du Ciel, & estans en quelque bonne ville, le logent au meilleur logis qui y soit, se tenans tous proches de luy, faisans croire au peuple par leurs deportemens, que ce personnage est plus celeste qu'humain : cestuy-cy aussi vieil de malice que d'âge, ne fait mine que de toute saincteté en toutes ses actions, parlant peu & auec grande modestie & grauité de discours tous admirables, feignant souuent estre rauy au Ciel, demeurant en extase, puis reuenant à soy & regardant tous ses bons disciples, leur dit ainsi : mes chers & bien aymez enfans, ie vous prie de m'oster bien-tost d'icy, car i'ay eu maintenãt vne vision du Ciel, d'vne grãde ruine qui doit arriuer sur cette Cité; les autres faits à ce badinage, le priét en toute humilité & deuotion, qu'il luy plaise faire oraison à Dieu, afin qu'en faueur de ses prieres, il destourne le malheur qui est prest de tomber sur cette pauure Ville. Luy incontinét flechissant à leur requeste, se met en priere auec grande apparence de deuotion, leuát les yeux au Ciel : lors ce peuple grossier, croyant toutes ces faucetez pour choses veritables & miraculeuses, accourt en troupes d'hõmes & de femmes, leur apportans quantité d'aumosnes selon leur pouuoir, estimans que par le moyen de ces trompeurs, ils sont deliurez de quelque grande misere. Ils mangent aussi de l'herbe des Deruis, & couchent tous nuds sur la terre, & viuét ensemble d'vne façon plus que bestiale, appellans tous leurs vices vne tres-saincte religion.

Torlaquis

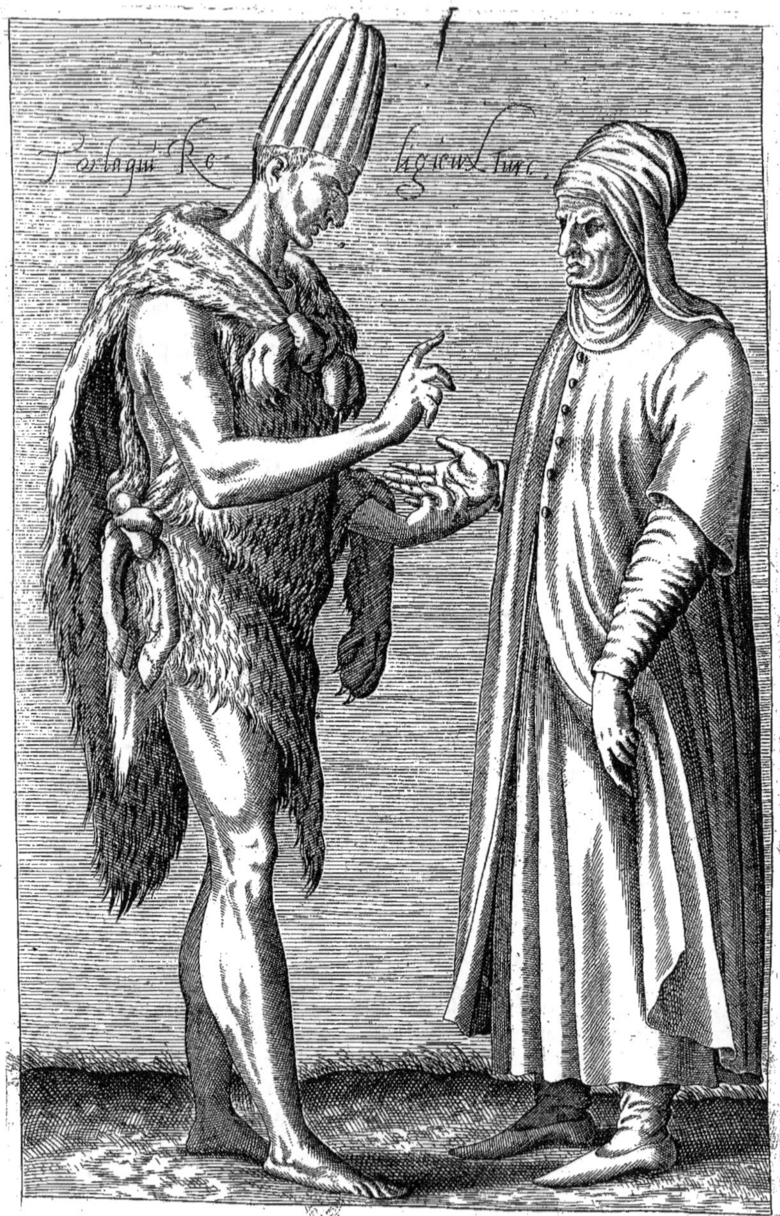
Turlaquű Re   ligieuſ Turc.

OVTRE tous ces beaux ordres de religieux cy-deuant representez, il y en a encore d'vne autre secte qui disent mener vne vie solitaire & retirée du monde, conuersans familierement & ordinairement auec les bestes sauuages, mais ce n'est que fauceté & hypocrisie, non plus que la saincteté des precedens. Car leur demeure est par les villes & villages, en de certaines boutiques, qu'ils couurent tout expres dessus & dessous de peaux de bestes, comme d'ours, cerfs, loups, bœufs, chevres & autres, attachans encore le long des murailles, les cornes de semblables bestes, auec de grosses masses de chandelles de suif, & au milieu de cette boutique, il y a vne escabelle, sur laquelle est vn tapis verd, & dessus vn grand chandelier de cuiure sans chandelle ny cierge, faisans tout ce bel appareil pour paroistre vrais obseruateurs de la loy de Mahomet. Ils ont encore la peinture d'vn Cimeterre fenduë par le milieu, en signe de l'honneur qu'ils portent à Haly gendre de Mahomet, duquel ils font des comptes, comme l'on fait de Roland le furieux, aussi veritables les vns que les autres : car ils disent, entre les autres faits admirables de ce grand personnage, qu'il fendoit les plus hautes montaignes, & les rochers plus inaccessibles auec cette Cimeterre, de laquelle ils gardent si reueremment la peinture, pour auoir seruy à l'execution de ses miracles. D'auantage pour dire qu'ils ont abandonné le monde, ils nourrissent & appriuoisent auec eux des ours, cerfs, & autres bestes sauuages, qu'ils meinent allans demander l'aumosne, quand le rapport ou gain de leur boutique n'est suffisant pour les nourrir, enquoy paroist euidemment leur hypocrisie : car au lieu de viure comme ils disent, parmy les bestes separez de toute conuersatió humaine, ils font viure les bestes auec eux de ce qui leur est dóné par les hommes, habitans non és deserts & hermitages, mais aux villes, bourgs, & villages. Ils vót bien chauffez & bien vestus d'vne longue robe, à peu pres faite comme celles de nos Prestres seculiers, portans à la teste vn Tulban, leur chaussure est à la Polaque, & en cette façon vont partoute la Turquie, & s'en void assez en Constantinople, & plus encore en Andrinople.

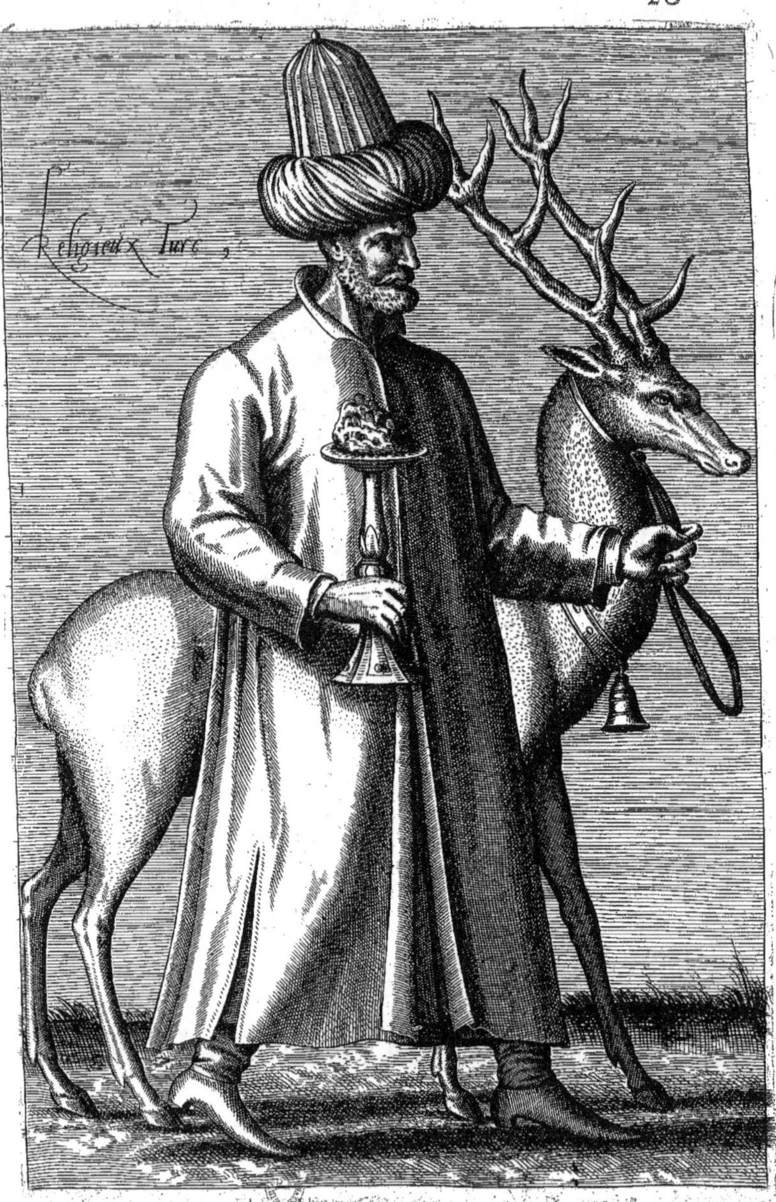

Religieux Turc

L y a plufieurs entre les Turcs qui font tenus pour parens de Mahomet, lefquels à caufe de la croyance que ce pauure peuple a de la faincteté de ce faux prophete, font tenus pour fort vertueux & faints perfonnages, tellement que fi quelqu'vn de cette race eft appellé en tefmoignage contre vn autre, fon rapport eft de telle authorité qu'il vaut deux tefmoins, les plus irreprochables que l'on puiffe trouuer; & leur mefchanceté eft telle qu'abufans de leur credit, ils fe laiffent ayfément corrompre pour de l'argent, tefmoignans faucement, principalement quand c'eft contre quelque Iuif ou quelque Chreftien leurs ennemis mortels. A ceux-cy feulement qui font defcendus legitimement de Mahomet, eft permis entre les Turcs de porter le Tulban verd comme faifoit le mefme Mahomet, les vns ne portent de verd que le Muzauegia, qui eft vn bonet de deffous le Tulban, & le refte du Tulban ils le portent de blanc, les vns font fort riches & fuperbement habillez, les autres pauures comme vinaigriers, chandeliers, defquels il y a quantité en Conftantinople & Andrinople. Plufieurs d'iceux accompagnent auffi les pelerins de la Mecque, & font leurs prieres auec eux au milieu des chemins & places publiques, imitans par leur hypocrifie leur predeceffeur, auffi bien qu'en autre fauceté & malice, par laquelle ils fe font craindre & refpecter du peuple. Ils font veftus d'vne longue robe en façon de Doliman, fermée par deuant auec des boutons, & vne fort large ceinture, aux bouts de laquelle eft vne frange d'or ou de foye, leurs chauffes font fort longues, pliffant par le bas, auec le foulier fans attache, fort pointu par le bout. Ils portent encore vne forte de jupe fort approchante de la façon que les carroffiers les portent icy, horfmis qu'il n'y a point de colet non plus qu'à leur robe : ils ont le Tulban de la couleur qui a efté ditte cy-deffus, fort gros & tout rond fans aucune pointe, & ont vne façon fort affreufe, monftrans affez l'impureté de leur ame
par leur regard.

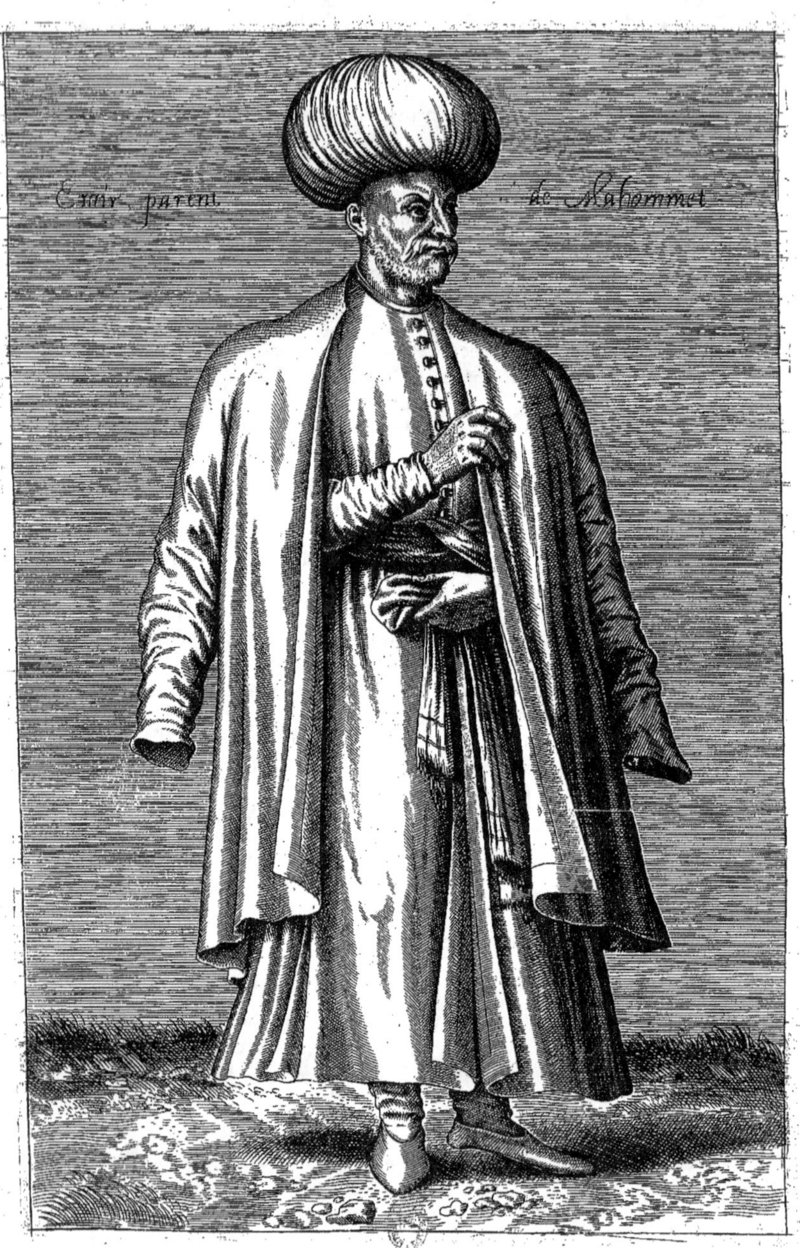

Emir parent de Mahommet

TOVS les peuples tant Mores que Turcs tenans la loy de Mahomet, ont vne certaine croyance, que quiconque peut vne fois en sa vie, faire le voyage de la Mecque, Dieu luy a promis entiere remission de ses pechez, & deliurance des peines d'enfer & de Purgatoire, tellement qu'ils preferent ce pelerinage à toute autre affaire. S'estans donc auparauant que de partir reconciliez tous les vns auec les autres, demandans pardon à ceux qu'ils ont offencez, car ils disent & croyent que leur voyage seroit autrement du tout inutile; se mettans plusieurs en trouppe ils appellent cela Carauanne. Estans donc munis de tout ce qui leur est necessaire pour vn si long chemin tirent pays tant qu'ils soient arriuez à Medine, où estans ils vont au Temple & posent leur Alcoran sur la sepulture de Mahomet, puis quand l'heure de faire leur office est venuë, ils montent sur les tours crians & appellans le peuple à l'assistance de leurs ceremonies, & demeurent l'espace de trois heures en oraison, laquelle estant finie ils s'en vont tous sur vne montaigne appellée Arafet où ils se despouillent tous nuds, & si par hazard ils trouuent quelque puce ou autre vermine ils ne la voudroient pour rien tuer, puis ils se plongent iusques au col dans vn fleuue prochain marmotans quelques sortes d'oraisons, & font cela, disent-ils, pour ce qu'Adam auoit faict en ce lieu & en cette façon sa penitence, par laquelle il a obtenu pardon de Dieu. Cela faict le lendemain matin chacun se reuest & paracheuent leur pelerinage à la Mecque qui est à trois iournées de là, où estans arriuez ils vont au Temple faire leur oraison, & tournent par sept fois à l'entour d'vne tour ioignante au Temple, baisans à chaque fois les coings d'icelle, puis s'en vont à vn puits proche de là, & s'appuyans contre le bord, prient Dieu de leur pardóner leurs pechez, puis vn certain de leurs ministres tire de l'eauë de ce puits & leur en iette à chacun trois petits seaux sur la teste, croyant que par ce lauement ils sont entierement nettoyez de tous leurs pechez. Ils font encore quelques autres ceremonies qui seroient plus ennuyeuses à descrire que profitables à sçauoir: c'est pourquoy ie ne m'y amuseray point, mais ie diray seulement qu'ils ne penseroient pas auoir accomply leur pelerinage s'ils n'auoient visité le S. Sepulchre de nostre Seigneur où ils font encore plusieurs ceremonies, prieres & deuotions à leur mode; c'est ce qui nous doit inciter à l'auoir encor en plus grande reuerence, puis que les plus grands ennemis du nom Chrestien sont contraints de le recognoistre.

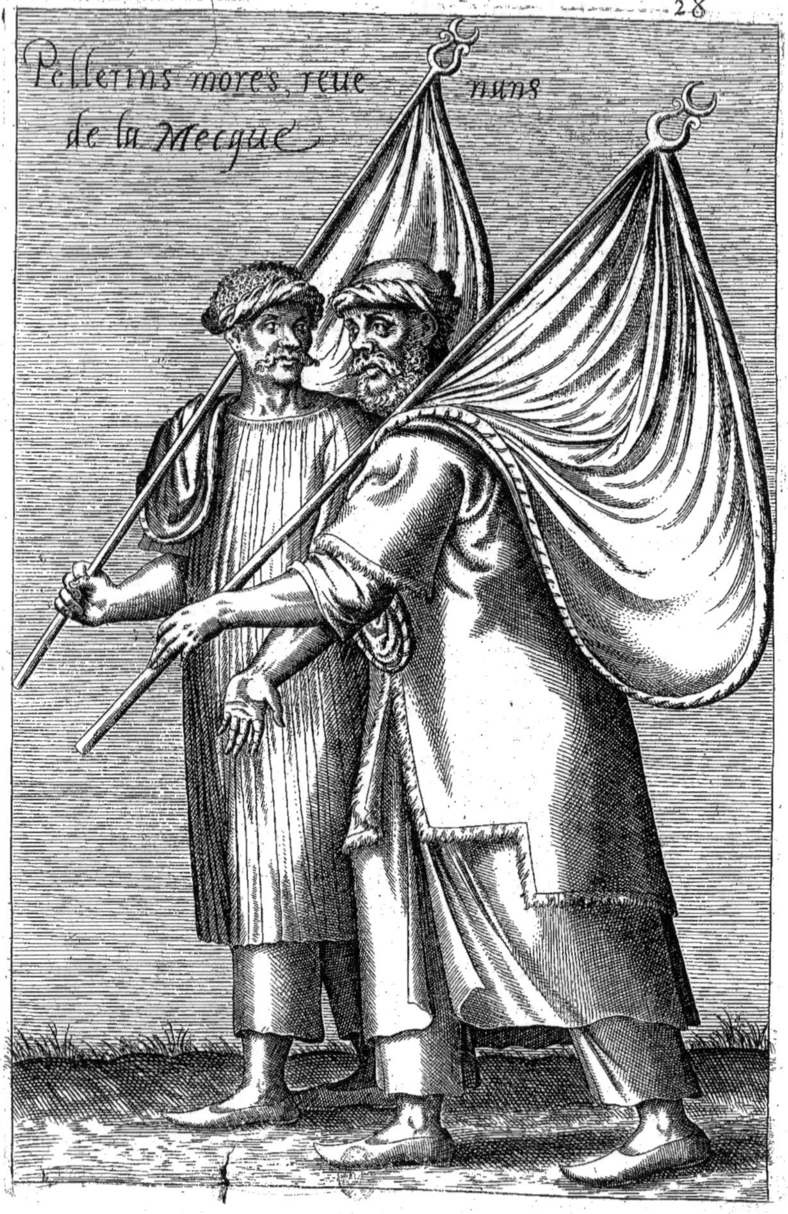

Pellerins mores, reue   nuns
de la Mecque

L y a vne autre forte de pelerins de la Mecque, appellez Sac-
chaz ou porteurs d'eau, qui vont par les villes & villages, &
mefmes par les ruës, portans à leur cofté vne forte d'ourdre
de cuir boully penduë en efcharpe, pleine d'eau de fontaine,
& ce vaiffeau eft fort proprement accómodé, & couuert d'v-
ne forte de drap de couleur en broderie de diuers feüillages
à l'entour, portás en l'vne des mains vne belle taffe de letó dorée & damafqui-
née, dans laquelle ils prefentent à boire à ceux qu'ils rencontrent & qui en
veulent. Ils portent auffi en la mefme main, vn miroir qu'ils prefentent apres,
vfans auec cela de quelque petit difcours, tendans à faire penfer à la mort,
reprefentans par la glace le peu de certitude que l'on doit auoir de la vie, &
par l'eau, combien elle fe coule promptement fans y penfer. Pour recompence de cela, ils ne vous demandent aucune chofe, mais fi par honnefteté
vous leur offrez quelque piece d'argent, ils la prennent fort volontiers, voire
quelquefois pour y inciter, ils donnent quelque bouquet, ou oranges, & a-
pres qu'on leur a donné, par forme de remerciement, ils tirent de dedans vne
forte de panetiere, qu'ils portent penduë à leur ceinture, de petites fioles
d'eauës de fenteurs, qu'ils iettét au vifage. Ils font veftus de long comme tous
les Turcs, & ont vne fort large ceinture, toute parfemée de petites pierres de
Iafpe, Chalcedoine & autres, qu'ils mettent dans la taffe quand ils donnent à
boire, afin de faire trouuer l'eau plus belle & plus agreable à la veuë : leur panetiere ou gibeffiere en eft auffi fort enrichie, & vne forte de bandouliere
auec laquelle eft attachée leur ourdre. Quelques-vns de ces Sacchaz font des
pelerins qui à leur retour de la Mecque, ont fait vœu d'employer le refte de
leur vie à cette œuure fort charitable & recommendable entr'eux, les autres
auffi efpoufent cette vacatió, pour le peu de trauail, & le gain qu'ils en tirent,
d'autant qu'outre ce que chacun leur donne en particulier par aufmones, ils
tirent quelque appointement du public. Ils y en a auffi plufieurs autres qui
par vœu s'obligét auffi à tenir toufiours des vaiffeaux pleins d'eau
à leurs portes, pour la commodité publique des
paffans, qui en vfent à leur volonté,
& felon leur befoin.

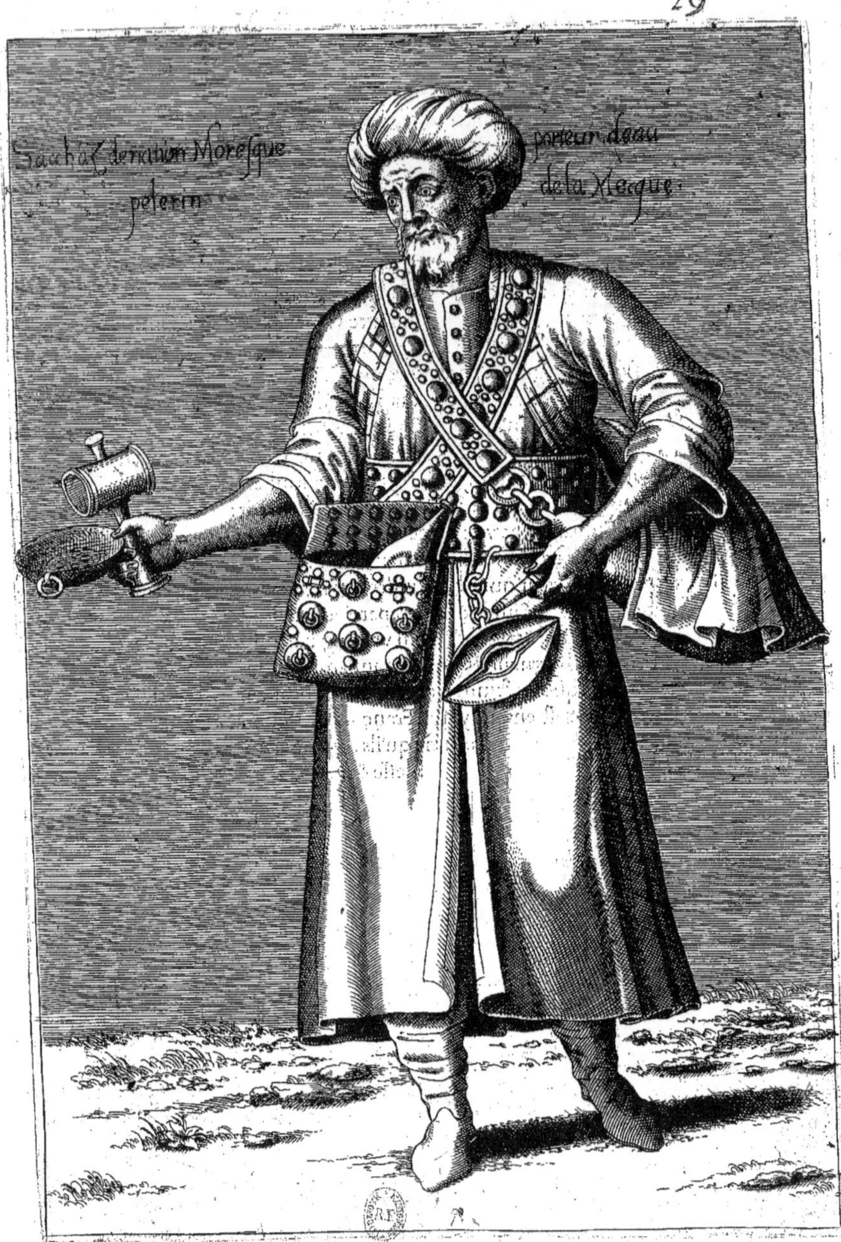
Sacchac deriation Moresque
pelerin
porteur deau
de la Mecque

H

Evx qui de noſtre temps, ont fait quelques voyages en Per-
ſe, ont peu recognoiſtre combien leur maniere de viure eſt
maintenant differente & eſloignée de leurs anciennes couſtu-
mes, n'ayans à preſent rien tant en recommandation, que la
volupté en toutes leurs actions, & la ſomptuoſité en leurs habits, bagues & ioyaux, en quoy ils ſont extremement ſuperbes. Ceux d'entr'eux qui ſont naturellement doüez du tiltre de nobleſſe, portent vn habit
long bordant la terre, auec les manches de meſme longueur : ils ont deſſous
ce long manteau, vne ſorte de Simarre vn peu plus court, qui eſt ceint d'vne
ceinture de gaze ou creſpe de ſoye de couleur , & laſſé ou attaché par deſſous
du coſté droit , auec de petits cordons de ſoye, & des boutons tout du long
par deuant. Ce veſtemét eſt de drap d'or, ſi riche & de ſi belle façon, qu'on ne
le peut repreſenter, n'ayans point icy d'eſtofe aprochante de cette beauté : ils
portét leurs chauſſures fort larges & fort aprochátes des gamaches dót quelques-vns de nos François vſent, quant aux ſouliers, ils ſont aſſez groſſiers &
mal propres, au regard du reſte de leur habillement : Ils portent à la teſte vne
ſorte de Tulban, auec vne haute plume, enrichie & couuerte de riches pierreries & perles de grandiſſime valeur. Les ſoldats ſont pareillement habillez,
excepté la longueur qui eſt moindre, quelques-vns auſſi ne portent le long
manteau, & ont le Simarre ouuert par deuant, dont les deux bouts ſont attachez à la ceinture, & ont à la main vn long baſton à la façon des Iennitzaires
du grand Seigneur. Ils ayment auſſi fort les parfuns, & tant les hommes que les femmes en vſent auec beaucoup de curioſité,
c'eſt en quoy nos François les imitent, & non en
l'eſtime qu'ils font de la no-
bleſſe & vertu.

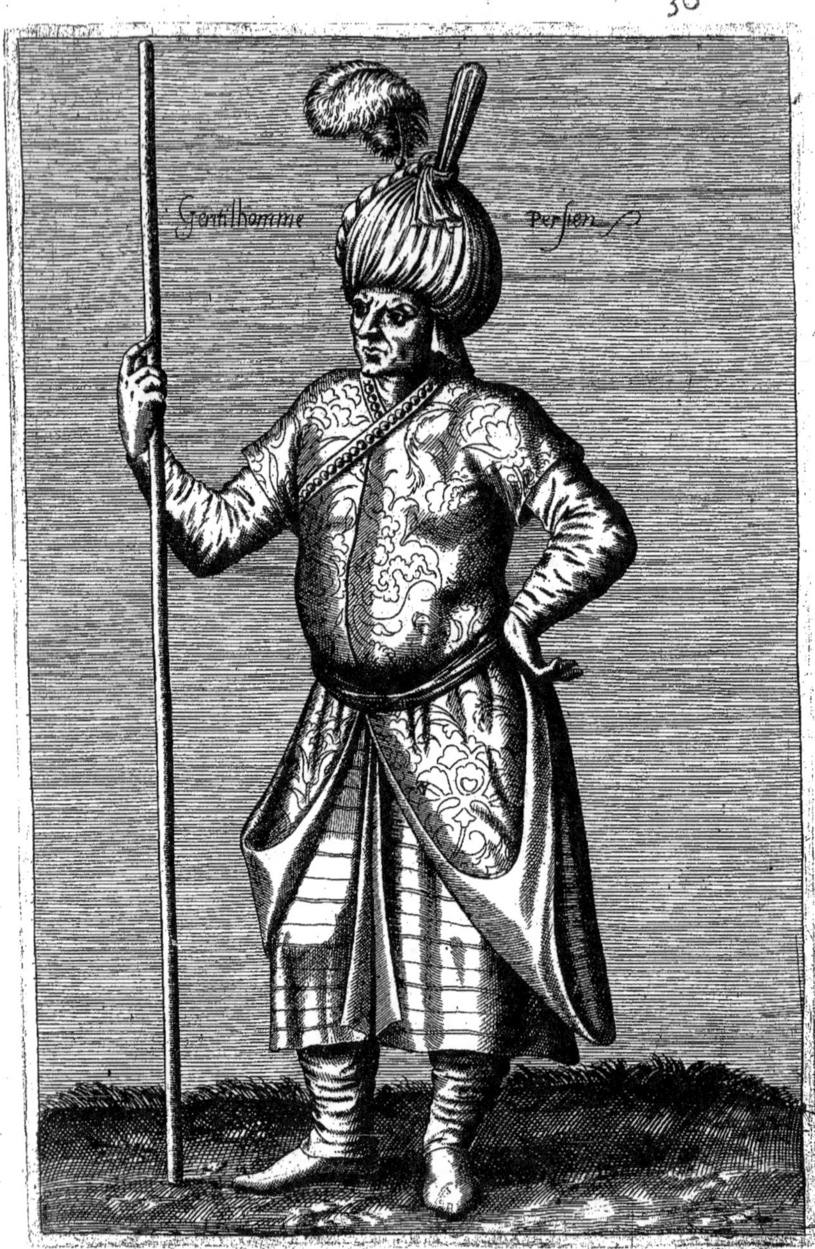

H ij

ENTRE les Grecs, comme en toute autre nation, il y a des Gentils-hommes, lesquels se font recognoistre par la modestie & grauité de leurs habits, conuenable à leur qualité, qui est assez honnorable d'elle mesme, sans qu'il soit besoin d'emprunter l'esclat de diuerses couleurs, ou enrichissement des pierreries, pour faire paroistte par l'artifice & somptuosité, ce que la nature leur a fauorablement departy. Ils sont dóc vestus de noir, auec vne sorte de soutane quasi à la façon de nos Aduocats, mais beaucoup plus longue & assez iuste au corps, qui se boutonne par deuant, mais de la ceinture en bas, elle est ouuerte & fort large, ceints d'vne sorte d'estofe rayée comme de la gaze de soye de diuerses couleurs, excepté de blanc ou rouge. Ils portent pour armes vn petit coutelas, pendant vn peu plus sur le deuant que l'espée de nos Fráçois, ils ont par là dessus vne robe de mesme longueur, mais plus ample, dont les manches pendent au dessous du genoüil : cette robe est noire comme la soutane, de la plus fine estofe qu'ils peuuent choisir, & doublée d'vne sorte d'hermine mouchetée, ouuerte du haut en bas, sans aucun ruban ny bouton. Quant à la chaussure, ils ont vne sorte de gamache, & le soulier approchant de la Polaque, ils portent à la teste vne sorte de chapeau noir à l'Albanoise, sans aucun panache ou enrichissement, disans que ceux qui portent la plume sur la teste, monstrent par cela la legereté de leur ceruelle.

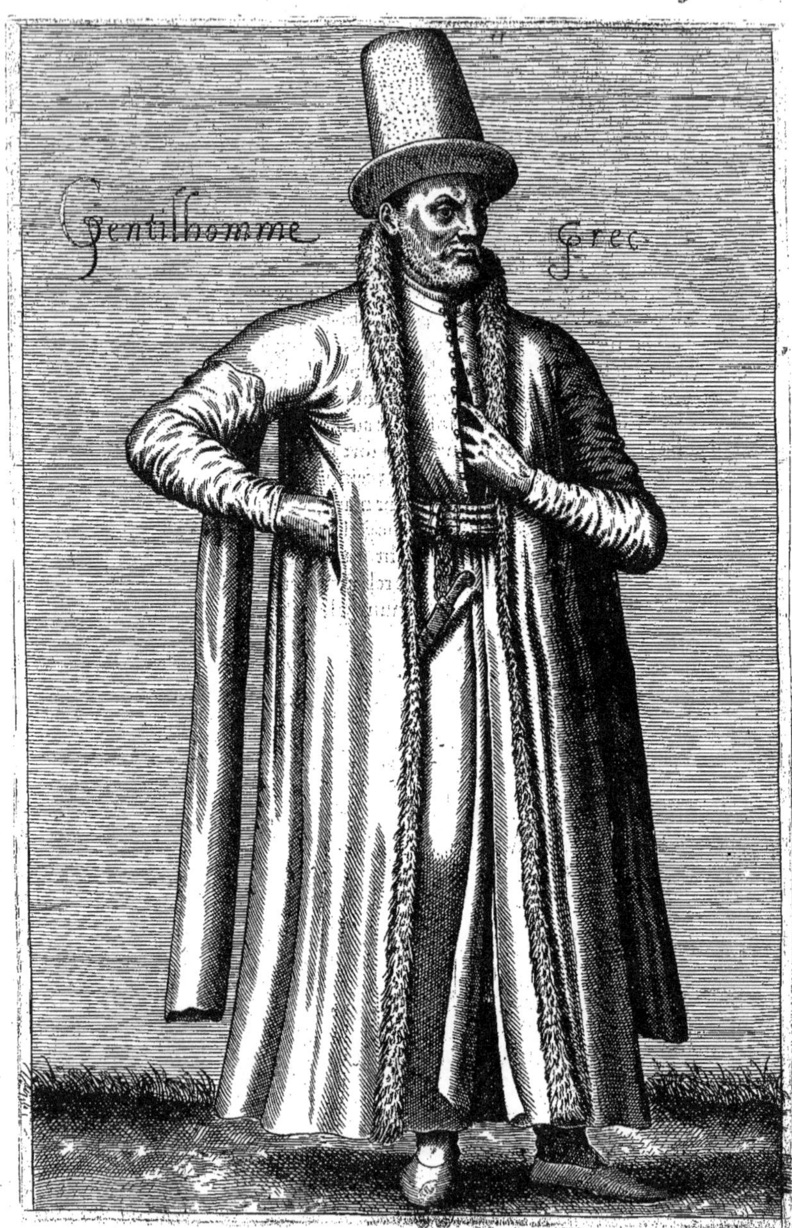

Gentilhomme   Grec

L'Habit du Marchand Grec est approchant du precedent,
estant toutesfois different en certaines choses, qui le font
discerner d'auec le noble, gardant quelque ordre aux habits
qui face remarquer la qualité d'vn chacun, pour euiter la con-
fusion qui est parmy nous, qui est telle que l'on prend souuent vn courtaut de boutique, ou autre de petite extraction, pour gens de
grande & illustre maison, n'ayans autre regle que la bource en toute chose.
Cestuy-cy porte donc la soutane tout de mesme celle du noble, mais la difference est au manteau de dessus qui est plus court, ayant au deuant quelque
douzaine de boutons, & a les manches qui ne viennent gueres au dessous de
la ceinture, & sont aussi plus estroites. Ils ont à la teste vne sorte de bonet
rond & bas, ressemblant au Tulban pour la grosseur, sans aucune pointe, &
pour l'ordinaire ils le portent de couleur bleüe: pour la chaussure elle n'est
guere dissemblable de la nostre, & au lieu de l'espée ou coutelas que portent
les Gentils-hommes, ils en ont vn fort petit qui n'est pas pendu, mais seulement fourré dás le nœud de la ceinture. Voila sommairemét ce qui
s'en peut dire, car pour leur maniere de trafic & marchandise,
elle seroit trop longue à descrire, ioint que plusieurs
autheurs en font mention, & que ce ne
seroit que rebattre leur chemin,
& ennuyer le lecteur.

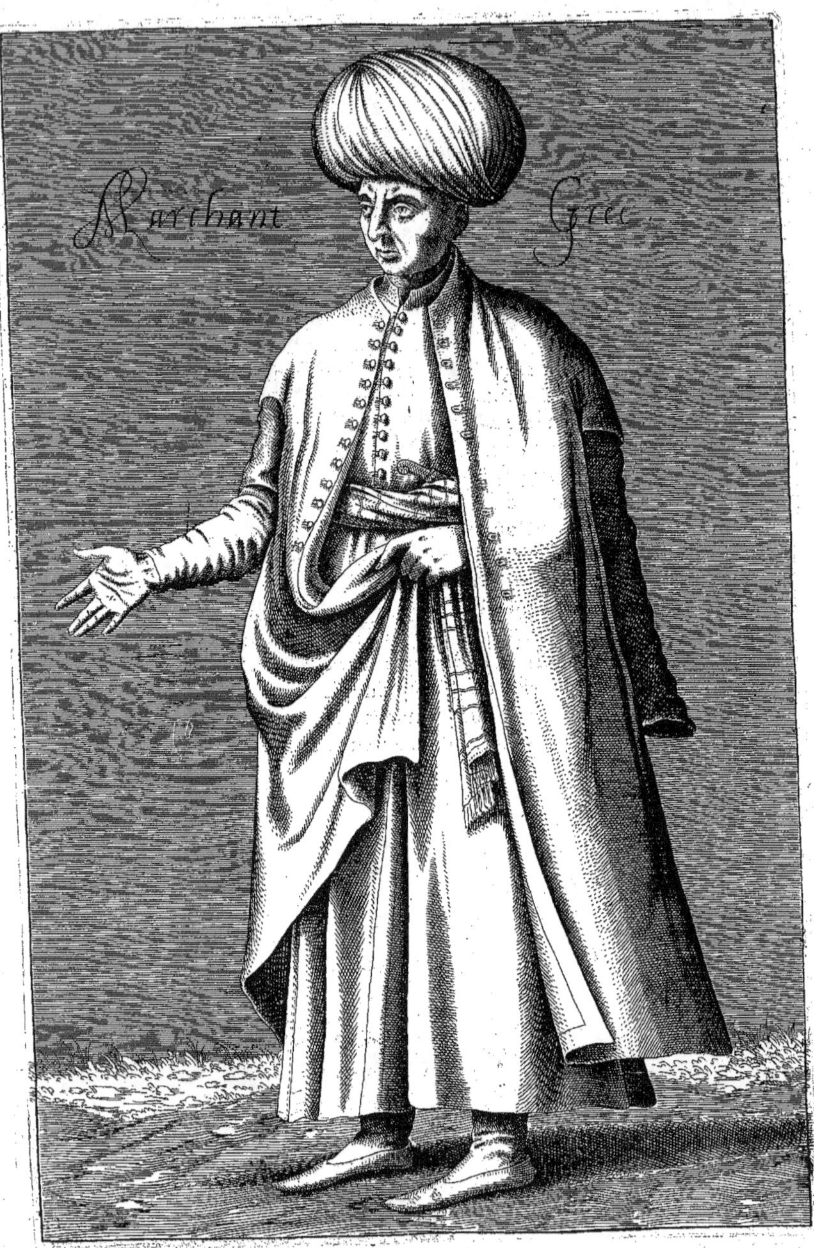

Marchant   Grec

'AVTANT que le païs du Leuant, est plus propre que tout autre pour le trafic, aussi toutes les villes de Turquie, sont abbondamment peuplées de Iuifs, & principalement Constantinople comme la principale, où est l'affluence & abord de toute sorte de marchandise, & par consequent plus commode pour cette sorte de gens, qui ne viuent d'autre chose que de vendre & achepter, & sur tout prester à vsure, ce qui leur est permis librement, moyennant quelque tribut qu'ils payent, car autrement on ne les souffriroit en ce pays, non plus qu'en plusieurs autres, desquels ils sont dechassez, esprouuans encores tous les iours la malediction de Dieu, ne pouuans auoir nulle possession de terre où ils puissent habiter, estans tous vagabonds & dispersez çà & là, voire mesme tellement mesprisez en ce lieu, où ils sont soufferts moyennant leur tribut, que les Turcs ne veulent iamais manger ny boire en leur compagnie, ny espouser vne femme ou fille Iuifue, bref ne veulêt auoir aucune affinité auec eux: & ce qui est bien remarquable, c'est que si vn Iuif se vouloit faire Musulman, il n'y seroit pas receu, si premierement il n'auoit esté fait Chrestien. Ceux de cette abominable nation, qui sont habitans en Constantinople, ou autres lieux de la domination du Turc, sont vestus de long, comme les Grecs & Leuantins, mais pour estre remarquez entre les autres, ils portent le Tulban iaune, ceux qui demeurent en l'isle de Chio sous le tribut de la Seigneurie, portent vn grand bonet qu'ils appellent de credit, & quelques-vns le nomment bonet à arbalestre, qui est aussi de couleur iaune. Aucuns de ces Iuifs vont par la ville de Constantinople, portans du drap qu'ils vendent à la rencontre à ceux qui en ont afaire.

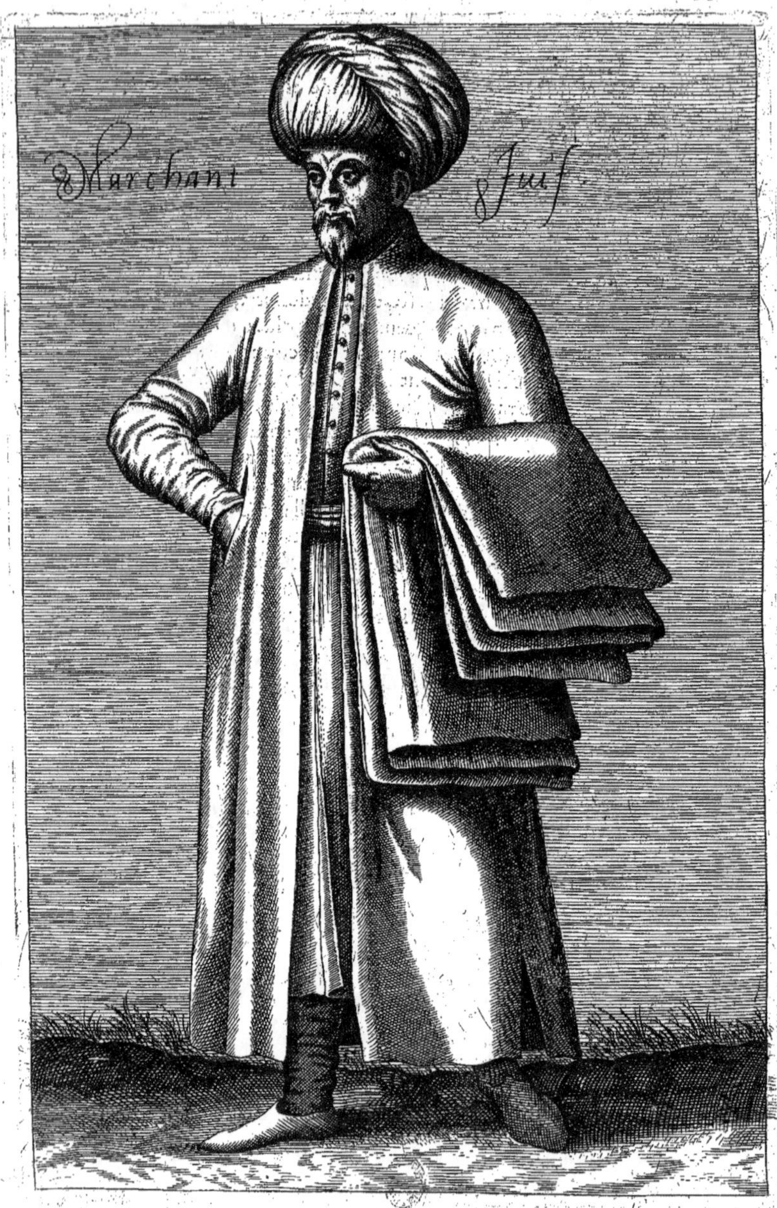
Marchant
Juif

MARCHAND
Armenien.

EVx qui sçauent la grande estenduë de l'Empire des Turcs, ne peuuent ignorer combien de diuerses nations luy sont maintenant subiectes, entre lesquelles est la petite Armenie, la grande estant sous la domination du Sophy Roy des Perses. Or la ville de Constantinople estant la capitalle de toute la Turquie, est par consequent la principale retraicte des estrangers, les Armeniens estans de ce nombre, y conuersent ordinairement, comme ils sont aussi en la ville de Pera, & sont la plus-part d'entr'eux Marchands, faisans grand trafic de camelots, moncayars, soyes, tapis de Surie, & autres choses semblables, chacun selon son moyen, ceux qui sont plus pauures, sont artisans, gens de mestier, & les moindres s'adonnent à la culture des iardins, ou à façonner les vignes; bref ils gaignent leur vie le mieux qu'ils peuuent chacun de son labeur, s'employans selon leur pouuoir, & la capacité que leur a donné la nature. Quant à leur habit, ils le portent long comme les Grecs, & de la mesme façon, excepté vn grand colet qui est à leur soutane, tout ainsi que celuy du Doliman que portent les Turcs: ils ont aussi à la teste le Tulban fort gros & tout rond, estant bleu, bigarré de blanc & de rouge, car il n'est permis qu'aux Turcs de le porter tout blanc, voulans se faire remarquer par là, & porter la couleur de l'innocence sur la teste seulement, l'ayans entierement bannie de leur ame.

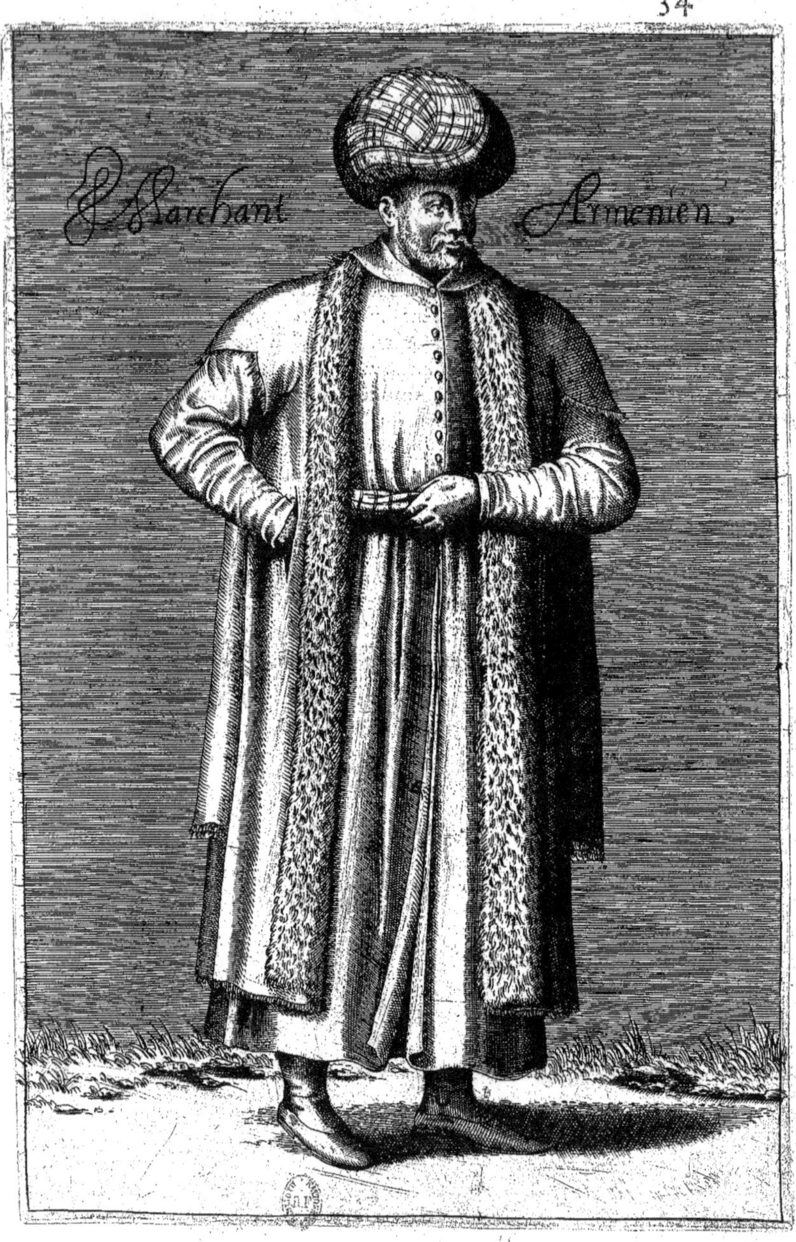
Marchant
Armenien.

34

L E s Ragusins sont vn peuple, non subiets du Turc, mais seulement tributaires de douze mille ducats, qu'ils sont tenus de luy enuoyer tous les ans, par deux deputez à Constantinople, ou en quelque autre lieu qu'il soit. L'on se pourra estonner de ce grand tribut, mais ils le payent assez aysément, estans tous fort riches, & non ie croy sans grand regret, à cause de leur grande auarice, & de l'amour qu'ils portent à l'argent, mettans toute leur industrie à en amasser; ils sont aussi de nature merueilleusement superbes & arrogans, estimans toute autre nation inegalle à la leur, soit pour la noblesse, science, & gentillesse d'esprit, & à la verité ils meritent bien quelque loüange, d'autant que leur ville estant située en vn lieu le plus incommode & reserré qui se puisse imaginer, ils ont par leur industrie si bien fait, qu'ils ont ouuert le chemin à toutes sortes de commoditez necessaires. Quant à leur habit, les plus apparans d'entr'eux le portent à la Venitienne, les autres marchands & mechaniques, portent vne sorte de petite soutane, qui ne leur vient que iusques au genoüil, la ceinture large comme les Grecs sans aucun bouton, ils ont par dessus vne robe quasi de mesme longueur, à laquelle est vn grand colet doublé de quelque fourrure, qui se rabat sur les espaules; ils portent vne sorte de chapeau pelu, qui a vn grand bord de fourrure, qui se renuerse dessus tout autour, quant à la chaussure elle est toute iuste à la iambe, & le soulier fort pointu. Cette sorte d'accoustrement, represente assez bien à la veuë, la mechaniqueté de ce peuple.

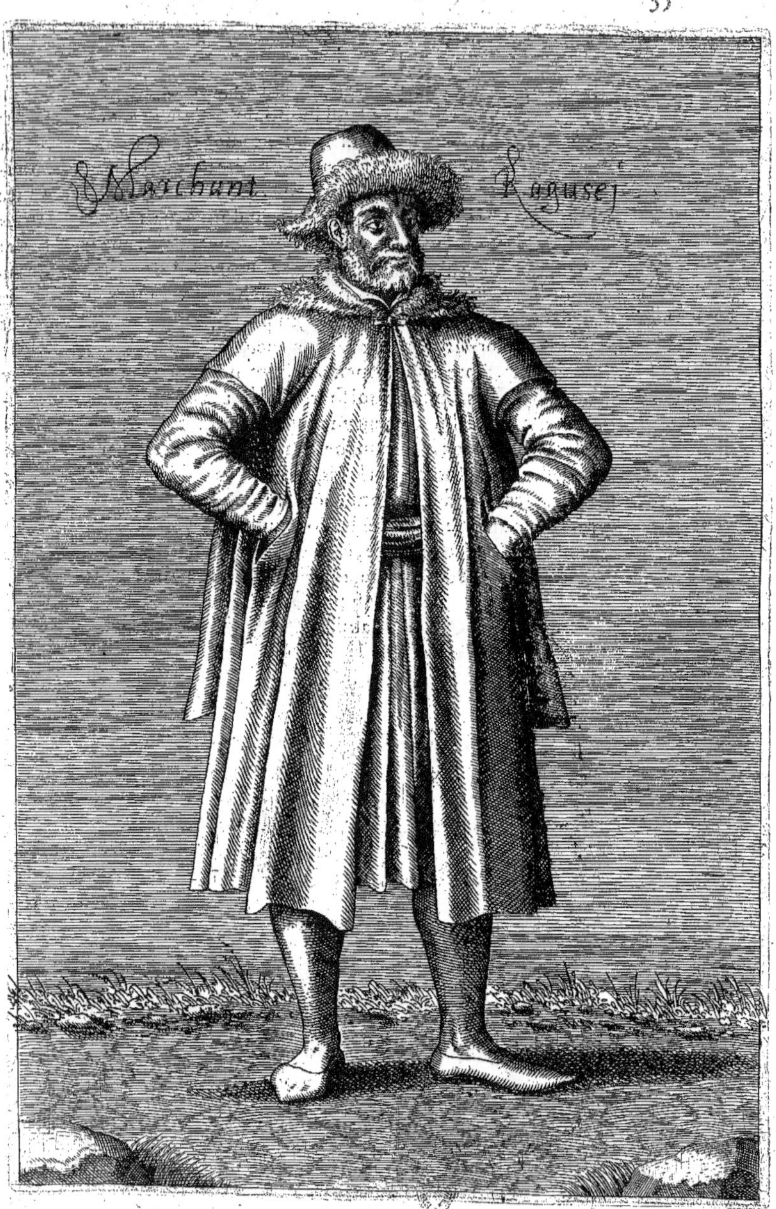
Marchant Ragusei

35

NTRE ces Ragusins, il y en a quelques-vns qui seruent à porter des lettres à Constantinople, comme font icy les valets
de pied. Leur habillement est assez bien conuenable à leur
mestier, car ils portent vne petite jupe iuste au corps, boutonnée iusques à la ceinture, & le bas retroussé, ayans auec
cela des chausses quasi à la pantalonne, mais plus larges, & les
souliers fort pointus. Ils portent aussi vne sorte de mandille, approchant des
jupes de nos carrossiers, mais fort ample, auec vne petite frange au bas tout autour du bord, comme aussi au bout des manches, qui sont courtes & fort
estroites, il y a deuant quelques boutons, ils portent vne sorte de bonet plat
faisant quatres pointes, dont deux se recroqueuillent sur le deuant, les deux
autres par derriere. Apres auoir dépeint les hommes de cette contrée, ie diray
en passant vn mot des femmes, qui sont assez laides & mal proprement ac-
commodées, & ont ordinairement vne coiffure de fine toile de lin, & les femmes nobles le portent de soye blanche, ayans leurs chausses auallées iusques
aux talons, elle sortent fort peu du logis, se contentans seulement de regarder
les passans aux fenestres, les filles ont encore moins de liberté, car elles sont re-
serrées de telle sorte qu'on ne les void nullement, si nos Françoises
estoient sous cette reigle, elles espargneroient beaucoup
d'argent & de peine, car elles ne seroyent si curieuses & superfluës en leurs
habillemens.

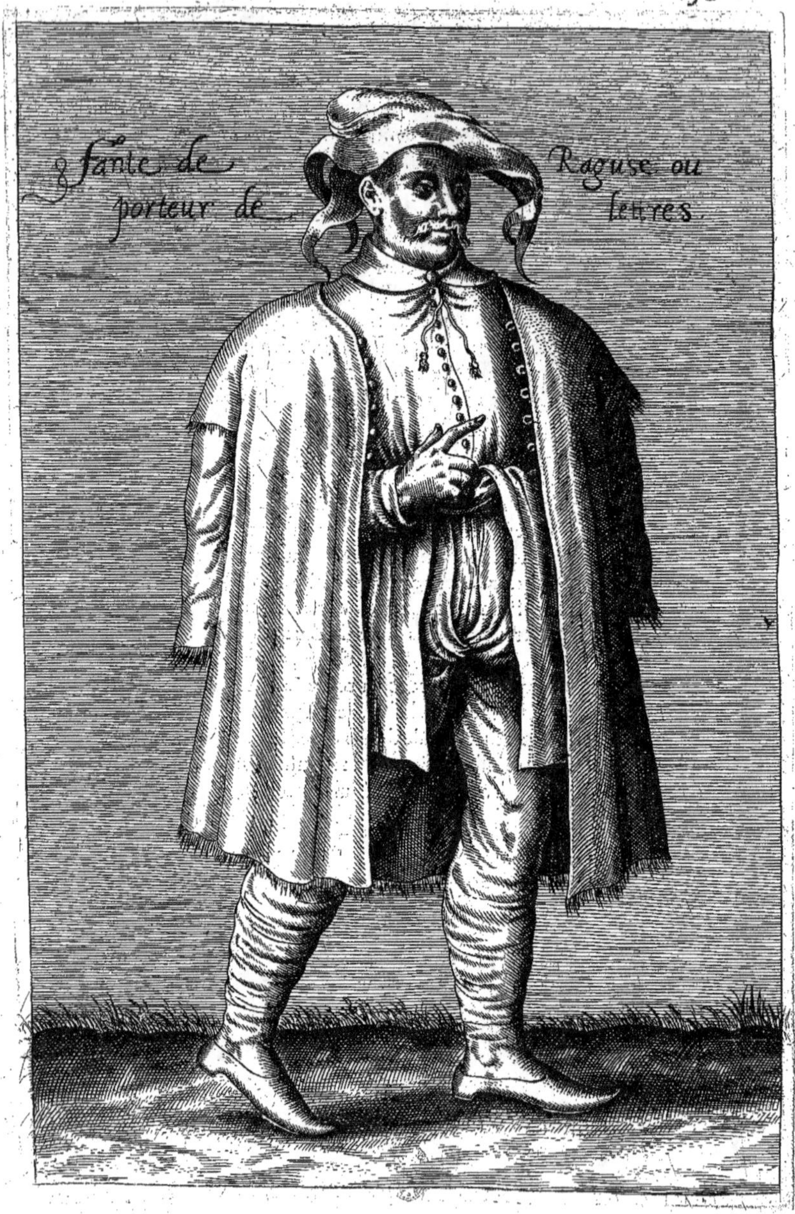
Sante de
porteur de
Raguse ou
lettres

36

TOVTE l'Arabie ayant esté anciennement diuisée en trois
parties, l'vne desquelles est appellé Petrée, ou pierreuse, à
cause qu'elle est fort montaigneuse, & pleine de pierres &
rochers inaccessibles, l'autre a esté nommée deserte, à cause
de sa grande seicheresse & aridité, qui la rend presque inhabi-
table, n'y ayant que de certaines gens nommez Nabathées,
qui vont errans par les champs, ne viuans que de brigandages & larcins qu'ils
font sur leurs voisins, & principalement aux Carauanes des pelerins qui vont
à la Mecque & Medine, car n'ayans ny Roy, ny Loy entr'eux, ils exercent librement toutes leurs meschancetez: la troisiesme Arabie est l'heureuse, ainsi
nommée à cause de sa fertilité, quasi en toute chose; car ils ont là d'extremement bons cheuaux, des chameaux, & des bœufs en abondance, & autre
sorte de bestial. Les peuples qui y habitent sont sous la subiection & obeis-
sance d'vn Roy qu'ils eslisent, lequel bien qu'il dispose de tout fort absolu-
ment, passe sa vie assez miserablement, d'autant qu'il est comme prisonnier
dans son palais, sans en oser sortir, s'il ne veut estre lapidé par son peuple, qui
a retenu cette ancienne superstition de l'Oracle de leurs Dieux. Cette contrée
est aussi merueilleusement peuplée d'arbres qui portent l'encens & le mirrhe,
palmiers, cinamome, excellentes odeurs, & autres choses rares, & diuersité
de pierreries, & si quelques-vns ont voulu dire que le Phenix y naissoit. En ce
pays tant fecond, viennent quantité de Marchands de Cambaya, & autres
lieux, lesquels y portent de petits draps de diuerses sortes, & se chargent, en
lieu de raisins, dattes, or, iuoire, & d'esclaues, qu'ils enuoyent par les ports
aux autres pays, côme en la Grece & Turquie. Les Marchands de cette nation
ne sont gueres differents en leur habit, des Armeniens, estans aussi vestus de
long, & portent leur robe de dessus d'vne sorte d'estofe rayée, & à
la teste, le Tulban bigarré, la chaussure vn peu large &
auallée, & le soulier pointu.

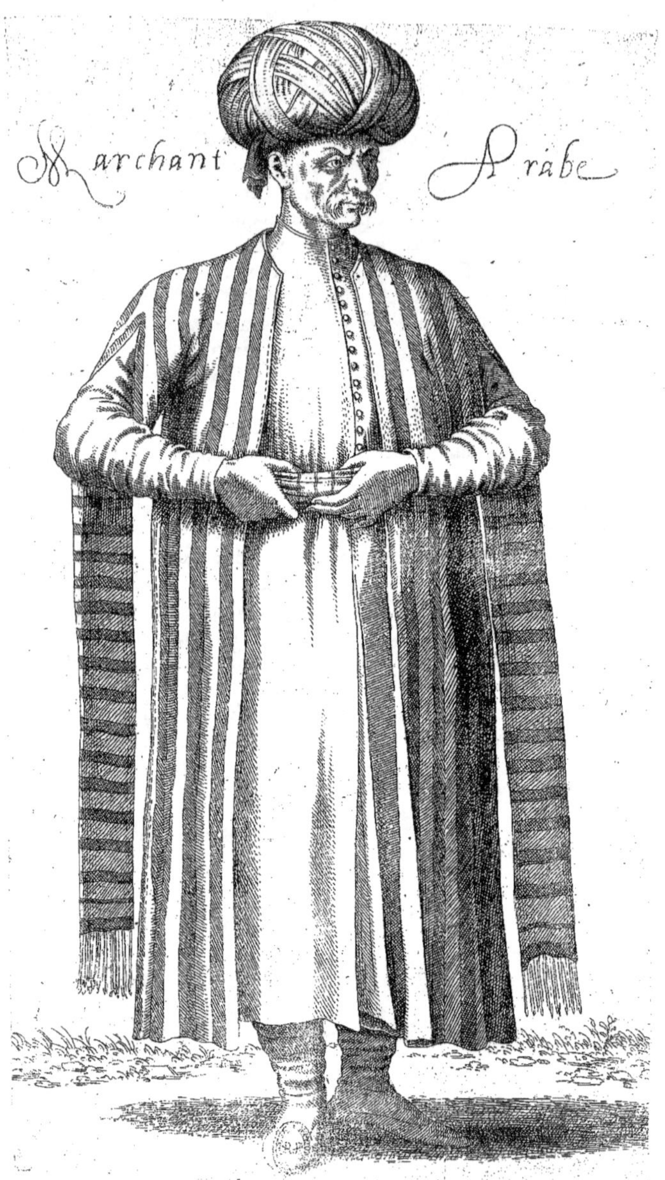

Marchant Arabe

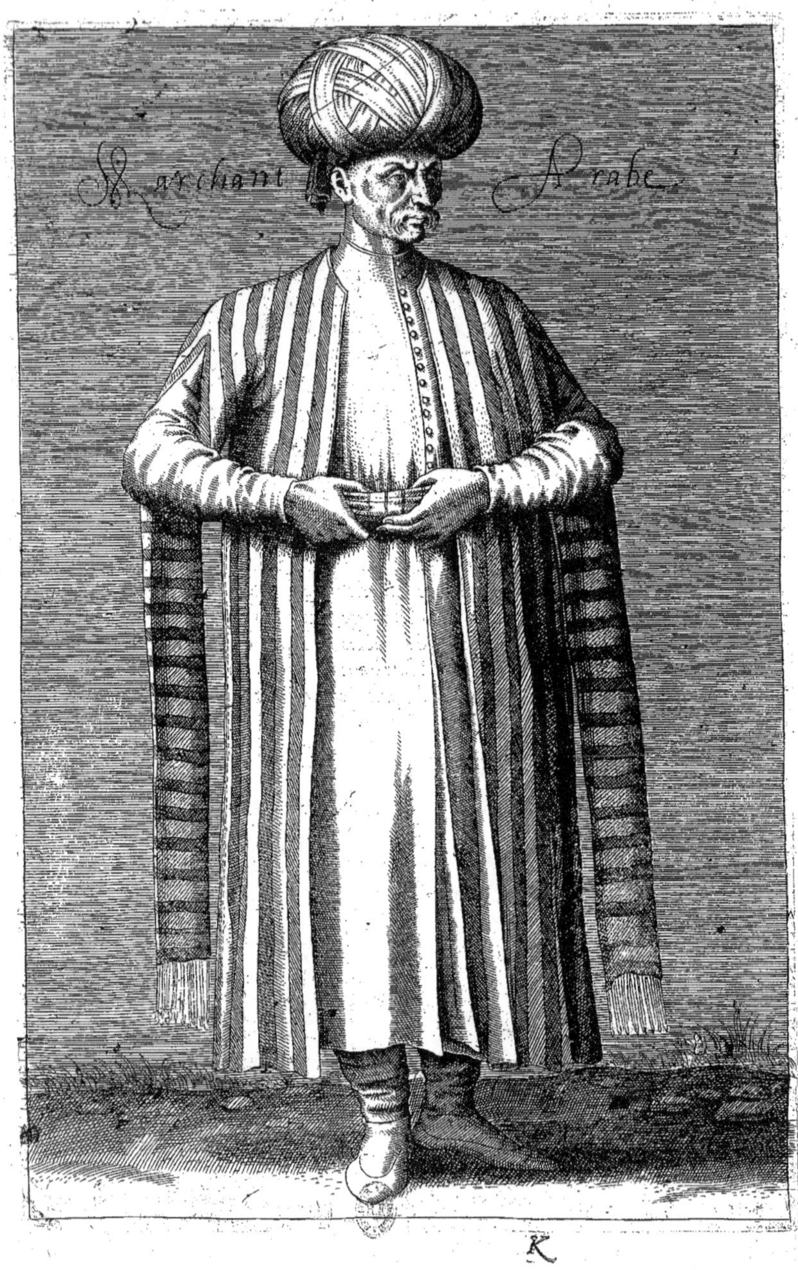
Marchant Arabe

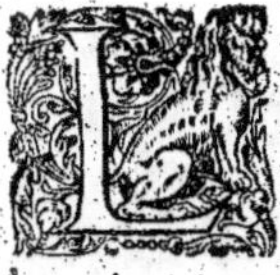 E s Baſſas & autres principaux de la Porte du grād Seigneur,
ont tous des eſclaues, & pluſieurs en ont de Mores par curio-
ſité, comme quelques-vns de nos François, eſtimans auſſi en
tirer plus de ſeruice que de ceux du pays, ſoit à cauſe de leur
force, ou pour eſtimer touſiours d'auantage ce qui nous eſt
le moins commun: De ſ'amuſer à depeindre leur teint & leurs traits de viſage,
ce ſeróit perdre le temps à credit; car l'on en void aſſez en ce pays, & ils ſe reſſemblent tellement les vns aux autres, que qui en a veu vn, ſe peut repreſenter tous les autres. Ie diray ſeulemét que ce que nous trouuons le plus laid entre nous, c'eſt ce qui les rend entr'eux plus parfaits & plus agreables, cóme vn
nez fort gros, plat & large, & retrouſſé; la bouche grande & groſſe, & la plus
grande noirceur, & de fait ceux qui le ſont moins dés leur naiſſance, ils ont ac-
couſtumé de les froter de certaines huiles, puis les mettent au ſoleil, lequel a
en leur pays vne telle force, qu'il ſeroit ſuffiſant pour rendre Mores les plus
blancs d'entre nous. Quant à la façon de leur habit, il eſt long comme celuy
des Turcs, mais leur robe de deſſus eſt retrouſſée à la ceinture tout autour,
quaſi comme nos Françoiſes les portent allans par la ville, les manches en
ſont coupées au deſſus du coude, à la façon d'vne jupe volante: ils portent ſur
l'eſpaule vne ſorte de petite eſcharpe de gaze rayée, & à la teſte le bonet à la
marine, auec vn cordon qui fait deux ou trois tours, & ſe nouë en recroquil-
lant par derriere. Ils ont au bras droit le bracelet, & au col le colier
pour marque de leur eſclauage, leur chauſſure eſt de meſme
façon que celles des autres Turcs. C'eſt ſommaire-
ment ce qui ſ'en peut dire pour conten-
ter l'eſprit des curieux.

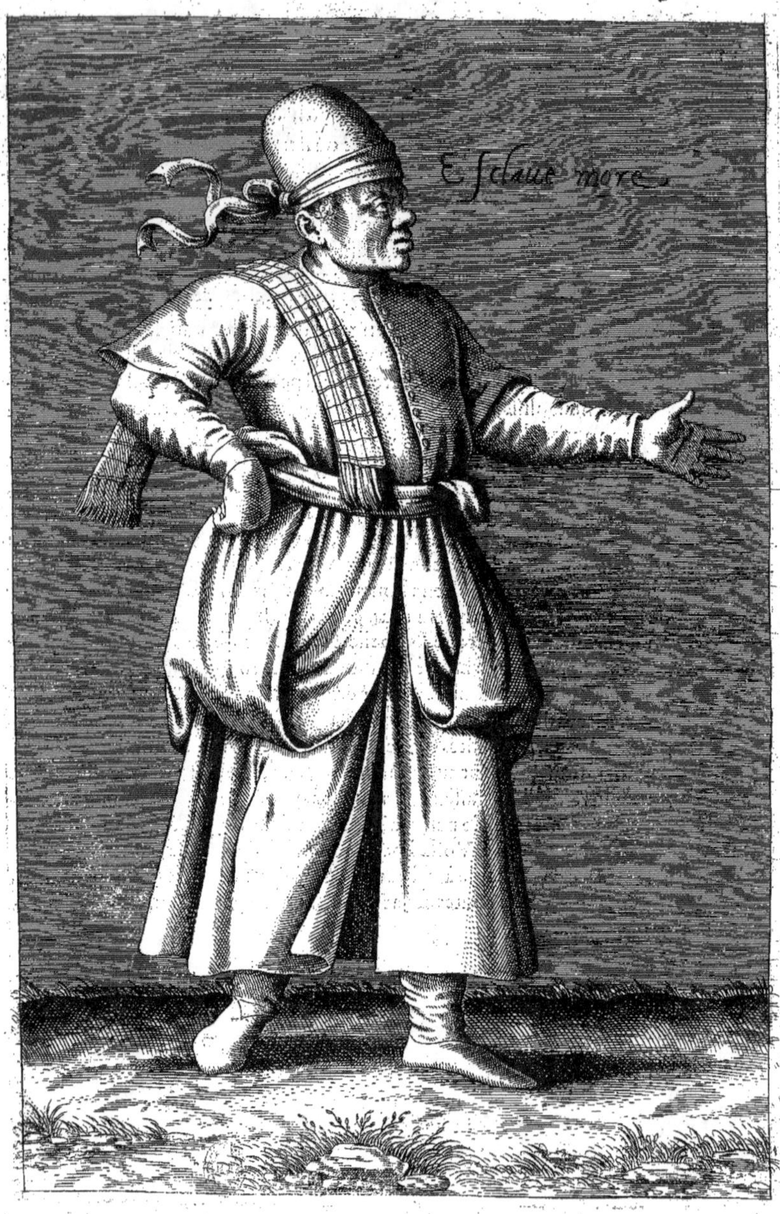

Esclaue more

NCORE qu'il soit permis au Turc selon sa loy, d'auoir autant de femmes qu'il luy plaist, si est-ce toutesfois qu'il en a
vne plus fauorite, & qu'il tient plus en qualité de sa propre
femme que les autres. Celle donc qui est paruenuë à cét honneur par sa beauté, ou quelque autre vertu particuliere, qui
la rend plus recommendable, est demeurante d'ordinaire
dans le Serail du grand Seigneur, ayant aussi vn autre Serail à part, fort riche &
magnifique, principalemét en bains, & autres choses necessaires pour sa commodité. Quant à son habit, il est merueilleusement somptueux & riche, elle
a pour coiffure vne sorte de couronne à l'Imperiale, enrichie de quantité de
perles & pierreries de fort grande valeur, au dessous de laquelle sort par derriere vne sorte de petit voile de crespe, qui pend iusques à la ceinture, fort mignonnement plissé, & vient couurir le bras par deuant, se racourcissant tousiours en approchant du visage, qu'il ne cache nullement, ne passant point
le derriere de l'oreille, au bout de laquelle pend vne fort grosse perle en poire.
Sa robe est de drap d'or, frisé ou en broderie, de telle couleur qu'il luy plaist,
& est ouuerte par deuant en pointe, móstrant sa gorge, à la façon de nos Françoises, auec vne riche carrure de perle, & vn collier de grandissime valeur:
elle est boutonnée de boutons à queuë iusques à la ceinture, qui est fort large
& de gaze rayée d'or, les deux bouts frangez & pendans par deuant, le reste
de la robe est fendu iusques au bas, & les deux bouts retroussez à la ceinture,
pour faire voir vne cotte de fort belle & riche estofe, qui estant courte, luy
fait voir tout le pied, chaussé d'vn soulier fort mignard, fait à pont leuis &
pointu, ses manches sont de mesme estofe que la cotte, & fort estroictes, selon la forme du bras, & ny a autres manches à la robe, que de petites, larges
de trois doigts, pendantes derriere, comme celles que les femmes ont icy à
leurs manteaux, & pour auoir meilleure grace, elle est retroussée d'vne iolie
façon; au reste elle ne s'asseure pas tant sur la force de ses yeux, qu'elle ne porte tousioursvne sorte de petit poignard à la ceinture, pour se pouuoir deffen-
dre en cas de necessité. Voila à peu pres la description de son habillement,
fort seant & conuenable à sa façon pleine de grande majesté, qui fait paroistre sa modestie en toutes ses actions & deportemens, aussi bien qu'en sa
grace.

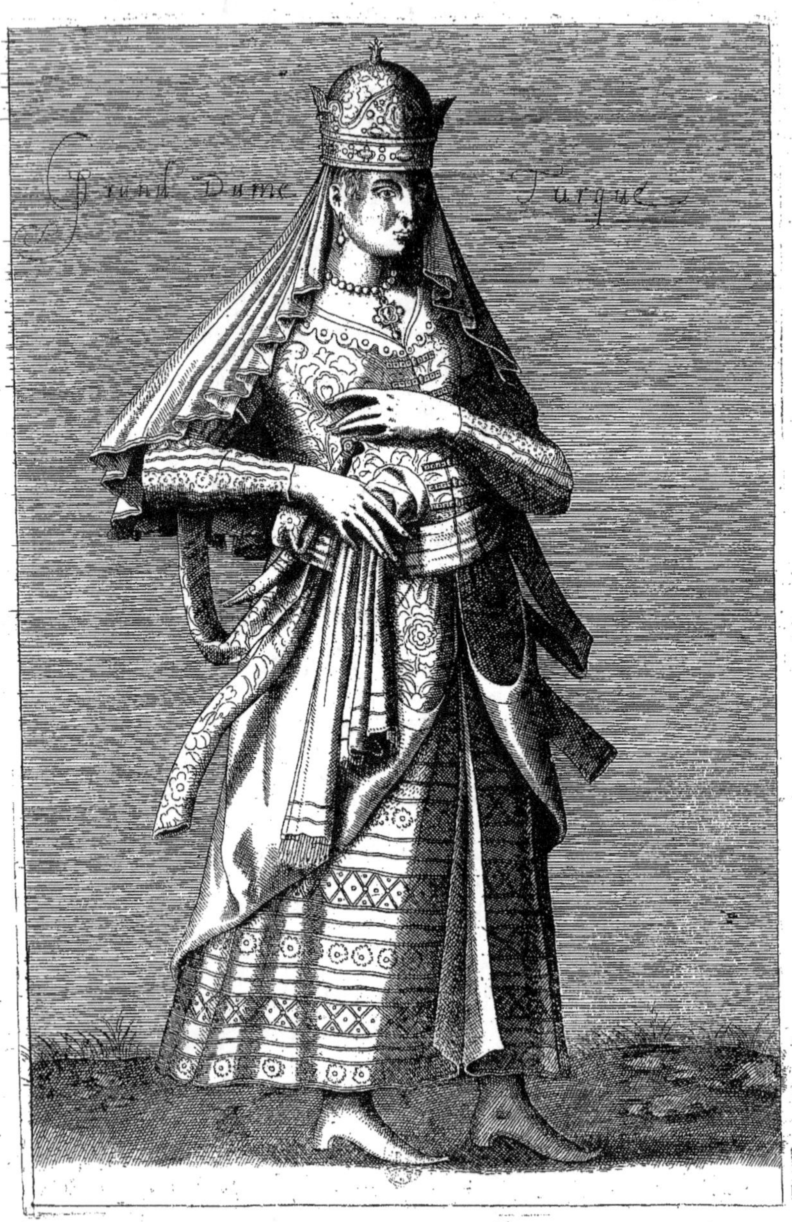

K iij

A couftume de toutes les femmes Turques, eft de fe baigner fort fouuent, qui plus, qui moins, chacune felon fon moyen & commodité, celles de plus grande qualité, ont des bains fort magnifiques chez elles, comme nous auons dit de la Sultane, & par confequent en vfent plus fouuent; les autres de moyenne ou petite condition, vont vne fois ou deux la fepmaine aux bains publics, qui font en plufieurs lieux de la ville de Conftantinople, tant pour les hommes que pour les femmes: la reigle eftant fort eftroitement obferuée, que les hommes n'y entrent nullement pendât que les fémes y font, lefquelles ont fi peu de liberté, qu'elles ne fortét iamais de leur maifon que pour ce fubiect, qui leur fert fouuent de couuerture, pour aller paffer leur temps en quelque autre part, euitans fous ce pretexte la furieufe ialoufie de leurs maris: Elles vfent de ce lauement pour pouuoir entrer dans la Mofquée, bien qu'il n'y ayt que celles de qualité qui ayent ce priuilege, lequel ne leur feroit permis, fi elles auoient manqué à cette obferuation Mahometique. Lors donc qu'elles vont à ces bains, elles font accompagnées d'vne efclaue ou deux, l'vne portant fur fa tefte vn certain vafe de cuiure eftaimmé, de la forme d'vn petit feau à tirer de l'eau, dans lequel y a vne longue chamifolle de coton tiffuë, auec vne autre chemife, brayez, & macremans de fine toile, auffi vne drogue minerale, appellée *Rufma*, laquelle puluerifée & deftrampée auec de la chaux viue, a cette proprieté de faire tomber le poil incontinét qu'elles l'ont appliqué. Ce vafe remply de tous ces vftenfilles, eft porté couuert d'vn petit pauillon de velours ou fatin cramoifi, enrichy d'or & d'argât, & tout autour de petites campanes pendent au bout des houpes d'or & de foye; celles qui ont le moyen de mener deux efclaues, la feconde porte vn fin tapis, & vn bel oreiller, & en cét ordre & appareil accompagnent leur maiftreffe, portans par deffus leurs robes d'ordinaire, vne belle chemife de toile fort deliée, appellée entr'eux *Baramy*, fenduë par deuant, & boutonnée de quelques petits boutons, ayant les manches coupées au droit du coude, & fur la tefte vne forte de couurechef, qui leur pend fur les efpaules, affez mal âgencé. La maiftreffe porte par deffus fa coiffure, vn grand voile qui luy pend iufques fur le nez, dont deux bouts fe boutonnent depuis le col iufques au deffous du fein, & les deux autres bouts pendent derriere, auec vne fort longue frange, qui vient batre quafi iufques aux jarefts, le corps de leur robe eft affez iufte, & les manches fort longues fur les doigts, elles nont point de ceinture, eftans veftuë toute d'vne venuë, trouffans leur robe pardeuât auec la main. Leur chauffure eft fort large & mal tirée & le foulier affez bien fait: elles arriuent en cét equipage au lieu du bain, où eftans, l'efclaue eftend le tapis, fur lequel la dame fe defpouille & met tous fes riches ioyaux & veftemens, defquelles elles fe parent à l'enuy l'vne de l'autre, à qui paroiftra la pl⁹ magnifique, & lors les efclaues les lauét par tout le corps, puis apres fen vont coucher en vne petite chambre temperamment chaude, & pendant qu'elles prennent leurs repos, les efclaues fe baignent & lauent à leur tour, & puis à leur refueil lors qu'elles ont fufifament demeuré en ce lieu, elles replient toutes leur hardes dans le vafe, & la dame eftant reueftuë de fes habits, & ayant payé la maiftreffe du bain, elles fen retournent à leur maifon.

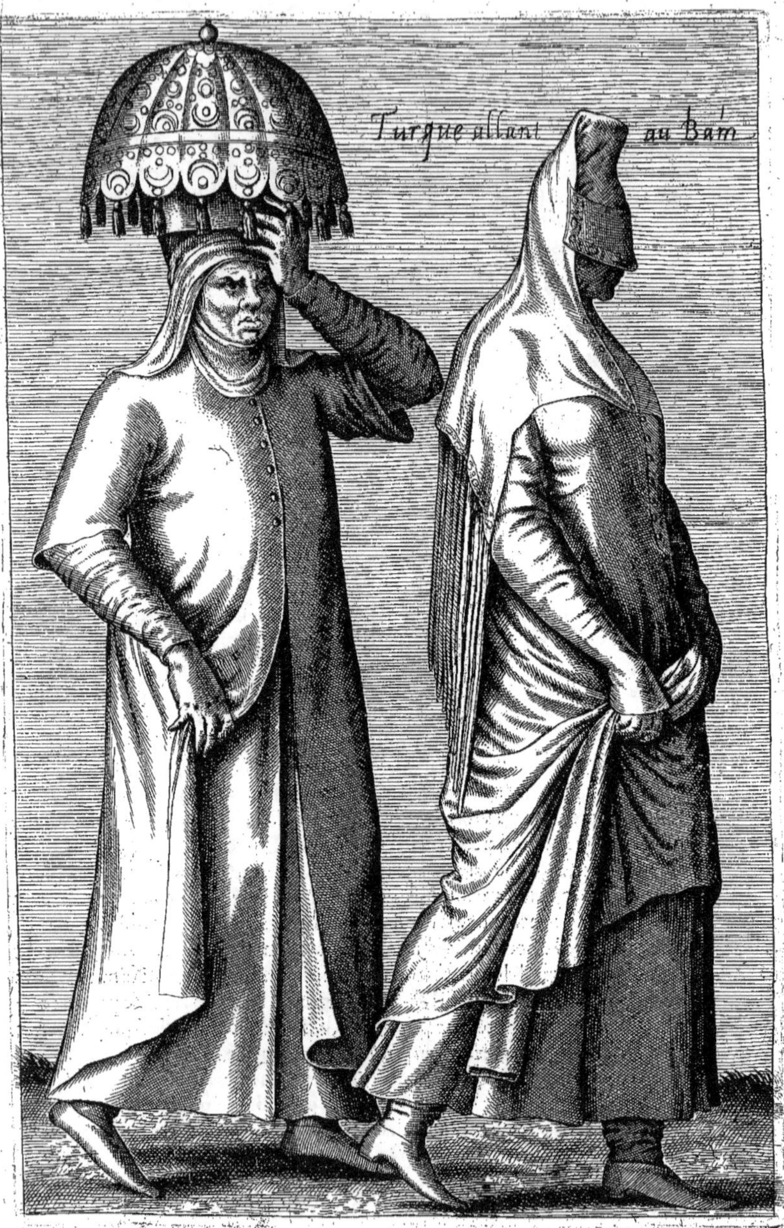
Turque allant au Bain

40

Ans le milieu de la ville de Conſtantinople, il y a encore vn vieil Serail, qui fut autresfois edifié par Mahomet 2. où il faiſoit ſa demeure, lequel a enuiron deux mille pas de tour, dont les murailles ſont fort hautes & eſpoiſſes, ſans aucunes tours, & ſeulement deux portes, l'vne deſquelles eſt ouuerte, & eſt gardée par des Eunuques, l'autre ne ſ'ouure preſque point. Dans ce lieu ſont pluſieurs petites maiſonnettes, accompagnées chacune de chambres, cuiſines, offices, & choſes neceſſaires pour la commodité & vſage des Concubines du grand Seigneur, qui ſont là renfermées au nombre pour le moins de deux cens, & la meilleure partie filles de Chreſtiens, qui ſont priſes à la guerre tant par mer que par terre, ou bien ſont acheptées par les Beglierbeis, Baſſas, ou Capitaines, & preſentées au grand Seigneur, qui les nourrit & entretient fort magnifiquement là dedans, eſtans gardées fort eſtroitement par des Eunuques, ayans à chaque dixaine vne gouuernante, pour les inſtruire & leur apprendre à faire force beaux ouurages. Il y a auſſi vn Capitaine de ce Serail, nommé Capiambaſſi, appointé de ſoixante aſpres le iour, & deux habillements de quelque eſtofe de ſoye par an; ſa charge eſt d'auoir eſgard ſur quarante Eunuques ordonnez pour le ſeruice de ces dames: que ſi le grand Seigneur en engroſſit quelqu'vne, il luy augmente ſa penſion & la ſepare d'auec les autres, la tenant en meſme rang de ſes femmes, que s'il aduient qu'elle ayt vn enfant maſle, il peut à ſon rang ſucceder à l'Empire, & quant à celles qui n'ont point d'enfans, il les marie richement au plus grand de ſa Cour; & n'eſt permis à quiconque ſoit d'entrer dans ce Serail, ny de les voir en aucune façon, excepté les Eunuques que nous auons dit cy-deſſus. Quant à leur habillement, il approche aucunement de celuy de la Sultane, la difference principale eſt en la coiffure : car au lieu de la couronne, celles-cy portent vn certain petit bonet, ſur lequel par derriere y a vn creſpe pliſſé fort menu, qui ſe vient eſtendre iuſques ſur les eſpaules, à l'entour du bonet y a vne ſorte de cordon de tafetas, faiſant deux tours, elles ont la gorge fort ouuerte, ornée d'vn tres-riche colier, au milieu duquel pend vne belle enſeigne de pierrerie: la robe eſt de drap d'or friſé, elles ne monſtrent pas leur cotte, mais ſeulement trouſſans vn petit la robe auec la main par forme de contenance, elles deſcouurent leurs iambes quaſi à demy, auſquelles ſe void de certaines chauſſes larges & mal tirées, qui ne leur couurent point le pied, car il demeure tout nud dans leurs pianelles, qui ſont enrichies de quelques perles par deſſus, & ſont fort hautes. C'eſt ce qui ſe peut dire de cét habit, pour la beauté il ne faut pas douter qu'elles ne ſoyent des plus rares, puis qu'elles ſont par excellence preſentées au grand Seigneur.

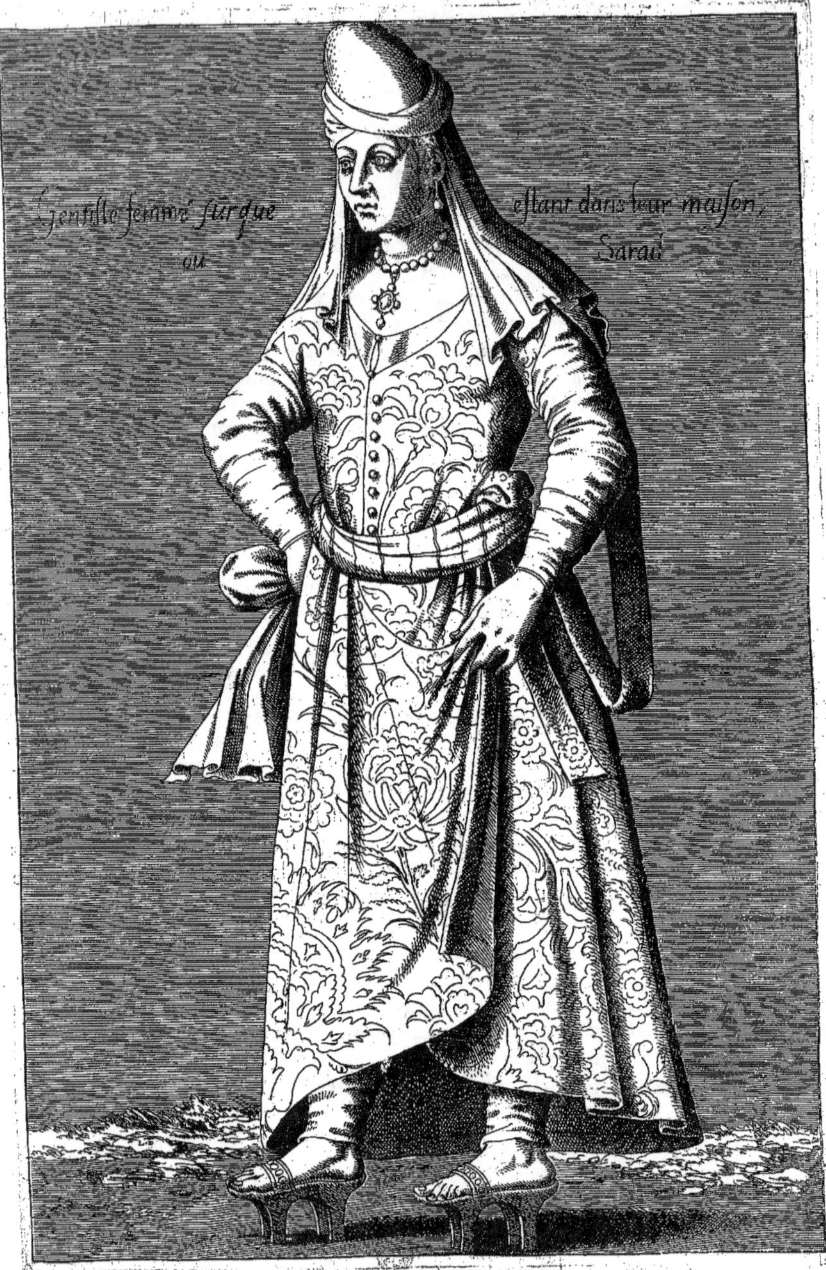

Gentille femme turque
ou
estant dans leur maison,
Sarai

41

ENTRE toutes les nations tant soit peu bien reglées il y a touſiours eu vn ordre gardé parmy le peuple, tant pour les habits, que pour la maniere de viure, qui fait remarquer chacun en ſa qualité. Ce qui ſ'obſerue fort exactement entre les Turcs, tant aux hommes qu'aux femmes, leſquelles ſont maintenant le ſubiect de noſtre diſcours: & celle qui eſt repreſentée en cette figure, eſt la Turque de moyen eſtat, qui ſemble veſtuë d'vne façon aſſez riche, mais moins majeſtatiue & graue que les precedentes, & ſi diſſemblable qu'il n'y a rien qui en approche. Premierement elle a ſa coiffure de forme plate, faite de quelque ſorte d'ouurage à l'eſguille, dót les bouts ſe tortillent à l'entour de la teſte & viennent ſe nouër par deſſous le menton, ſes cheueux ſortent deſſous par derriere, & ſ'eſparpillent ſur les eſpaules, pendans par deuant iuſques ſur le ſein qui ne ſe void point: elle porte vne cotte de quelque eſtofe rayée, & des manches de meſme, & par deſſus vne petite iupe de damas ou autre eſtofe de ſoye à ramage de fort iolie façon, qui a les manches coupées au droit du coude, faiſant vne petite pointe d'aſſez bonne grace; il y a auſſi au deſſous de la ceinture des deux coſtez, des fentes où elle met les mains par maniere de bonne grace, quant à la longueur elle demeure vn peu au deſſus du genoüil, & la ceinture de gaze rayée de diuerſes couleurs. Quant à la chauſſure elle eſt vn peu à pont leuis, mais non tant que les precedentes, ny auſſi ſi pointuë, la iambe ne ſe void point, d'autant que la cotte eſt fort longue, conuenable à leur façon modeſte. Voila ſuccinctement ce qui ſe peut dire de cét habit, qui eſt toutesfois aſſez pour faire iuger cóbien le deſordre a gaigné parmy noũs au regard des autres pays, qui ſe ſont maintenus iuſques à preſent en telle ſorte, que l'on peut iuger par le veſtement, le bien, l'eſtat, & la qualité de la perſonne; où icy tout au contraire, la femme de meſtier porte l'eſtat de bourgeoiſe, la bourgeoiſe s'habille en damoiſelle portant à preſent le maſque qui luy eſtoit demeuré de particulier, la ſimple damoiſelle paroiſt à l'eſgal des grandes dames, auec pareil train & eſquipage, la dame de qualité ſuit la piſte des Princeſſes, tout allant ainſi en confuſion.

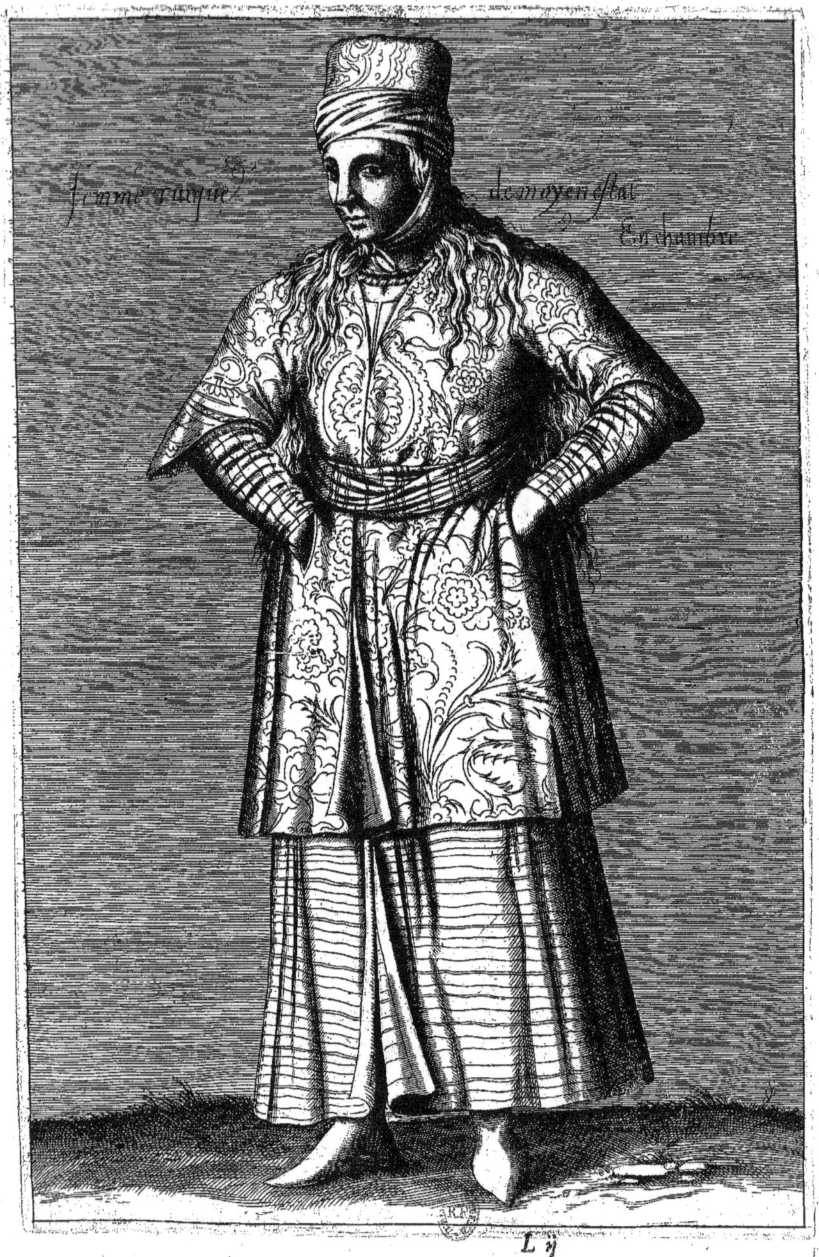
femme turque
de mayen estat
En chambre

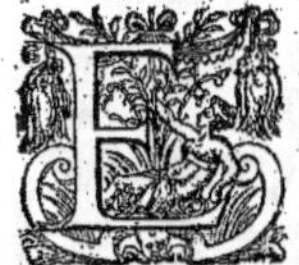

42

ENCORE que nous ayons dit cy-deuant que la couſtume des Turcs eſtoit de tenir leurs femmes touſiours enfermées pour donner quelque repos à leurs eſprits, qui ſeroient en continuelle inquietude, ſi elles auoyent la liberté d'aller comme celles de ce pays, à cauſe de la ialouſie qui leur trouble tellement le cerueau, que cela ſeroit plus que ſuffiſant pour leur faire entierement renuerſer. Pour donc éuiter de deux maux le pire, ils les tiennent ainſi reſerrées, cette reigle toutesfois ne ſ'obſerue pas ſi rigoureuſement, qu'il n'y ayt quelques-fois de l'exception ſelon la neceſſité, & principalemēt pour les fēmes de baſſe condition, quãd elles ſont cõtraintes d'aller quelquesfois à la ville: il y a grande apparence que cette force leur eſt merueilleuſement agreable, & ne doute point qu'elles ne recherchēt pluſieurs inuentions pour vſer de leur priuilege. Lors donc que l'occaſion en conduit quelqu'vne à aller par la ville, elle eſt toute cachée, ayant ſa coiffure de forme plate par le deſſus, à laquelle eſt attaché vn petit creſpe, qui luy vient iuſques ſur le nez, ayant vn rang de perles à l'entour du bord, & à l'endroit des yeux de petites roſes d'or, & au milieu vn autre enrichie de quelques perles, elle porte auec cela vne ſorte d'eſcharpe qui la bride ſous le menton, & ſ'attache au droit des oreilles, & luy couure la gorge par deuant, & paſſant par deſſus les eſpaules, laiſſe aller les deux bouts, qui ſont frangez au deſſous de la ceinture. Elle a pour veſtement vne robe ſans façon toute d'vne venuë, faiſant ſeulement quelques plis par derriere & par le deuant, elle eſt fenduë tout du long, & boutõnée au corps de quelque douzaine de petits boutõs, laiſſant vn petit d'ouuerture en haut, le bas ſe renuerſe vn peu des deux coſtez, & fait voir vne cotte de damas ou autre eſtofe façonnée, les manches de cette robe ſont coupées au coude, en ayãt d'autres par deſſous qui ſont aſſez longues & larges faiſans force replis le long du bras: elle a comme la precedente deux fētes aux coſtez, dans leſquelles elle cache ſes mains. Quant à la chauſſure il ne ſe void que le ſoulier fait à la Polaque & mignonnement decoupé. Voila à peu pres la façon de leur habit, auſſi modeſte que leurs geſtes & deportemens, ne reſſemblans pas à nos Françoiſes, qui ſont habillées plus ſomptueuſement & diſſolument, allans par la ville que dans la maiſon, & celles-cy tout au contraire vſent de parade & magnificence chez elles, & dehors d'vne honneſte grauité, tant pour oſter tout ſubiect de mauuais ſoupçon à leurs maris, que pour arreſter la temeraire hardieſſe de ceux qui voudroient par quelque libre effronterie entreprendre ſur leur honneur & vertu qu'elles ont en ſinguliere recommendation.

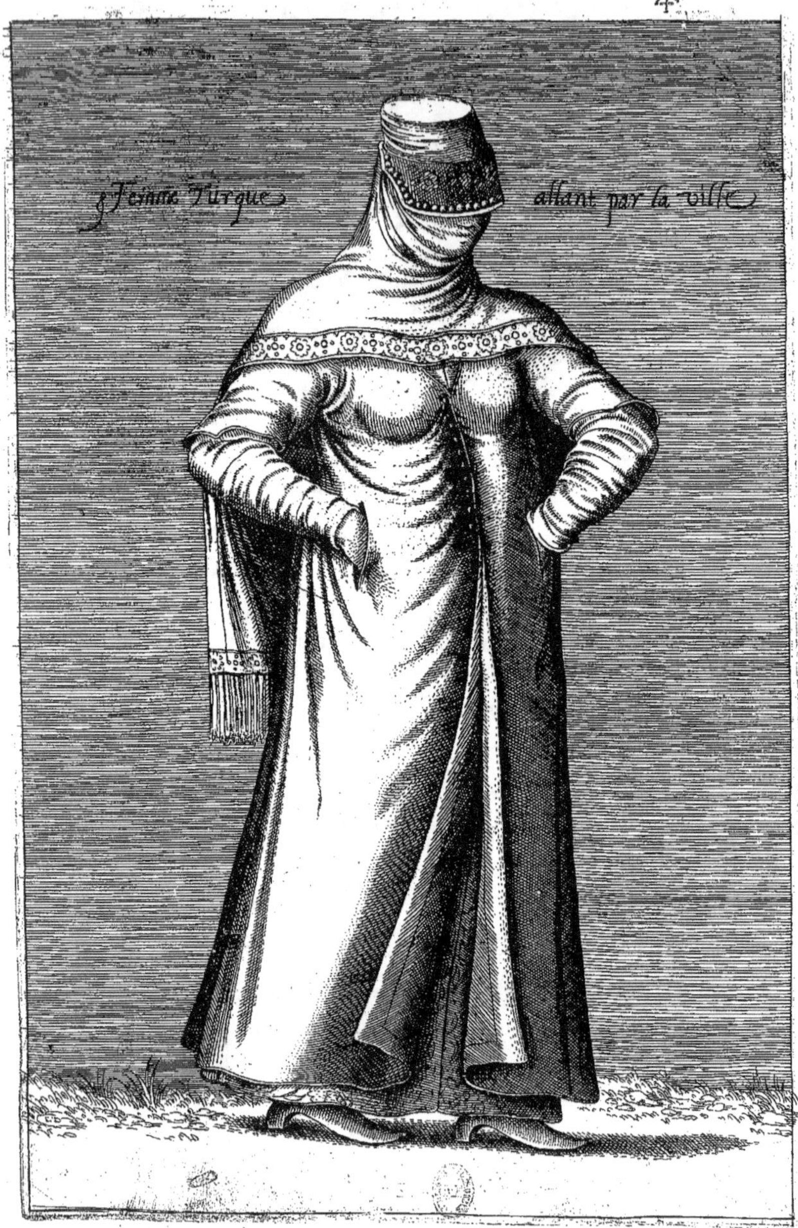

3 Femme Turque
allant par la ville

L y a entre le commun peuple de cette nation quelques femmes viuans auec plus de liberté encore que la precedente defcription ne monftre, reprefentant celle qui va par la ville
pourueu qu'elle foit voilée & cachée, comme vous l'auez peu
voir: Mais celle-cy y peut aller quand elle veut la face defcouuerte, menant auec elle deux enfans, comme fi elle vouloit dire que le nom de mere lui euft auffi acquis quelque pouuoir plus particulier
fur fa liberté, luy permettant de fe monftrer en public, fans eftre fubiecte à aucun blafme ou reprehenfion de leurs loix. Marchant donc ainfi, elle a fon habi-
billement fort approchant de celle que vous auez veuë aller feule, la plus
grande difference eft à la tefte qu'elle a bandée d'vn crefpe fort large iufques
fur le bord des yeux, faifant force plis: elle porte par deffus vne forte de couurechef qui luy bride fous le menton, eftant fort court par derriere, les
plis retombans fort deuant iufques à l'oreille, ayant auffi vne façon d'efcharpe qui luy vient fur le fein, les deux bouts retournans par derriere enuiron iufques à la ceinture, fa robe eft tout d'vne venuë fans ceinture, comme les Zimarres des Italiennes, boutonnée par le deuant du corps de quelque petits boutons, & plus courte que la cotte, qui l'eft toutesfois affez pour
faire voir le bas de la iambe chauffée affez iufte, pour le foulier il eft d'vne forme fort groffiere, quafi comme les fabots que portent nos payfans. Elle fait
aller deuant elle deux petits garçons qui fe tiennent auec vne efcharpe, à la
maniere de nos dances de villages, ils font veftuz quafi l'vn comme l'autre
d'vne petite iaquette, & par deffus vne forte de petit Doliman de brocador
de fort iolie façon, plus court que la iaquette, auec les manches couppées au
deffus du coude, en laiffant pendre de petites à la façon des enfans de deçà:
ils font boutonnez par deuant auec de petits boutons à queuë iufques à la
ceinture, qui eft de gaze rayée d'or ou de foye: l'vn la porte toute tortillée autour du corps, & l'autre laiffe pendre les deux bouts accommodez de frange,
fort bas par deuant, portant le Tulban fort gros, laiffant paffer fes cheueux
fort longs par deffous, qui luy battent fur les efpaules, fon compagnon a vn
petit bonet fans bord de quelque riche eftofe, eftant de forme vn peu haute & ronde, monftrant auffi fa cheuelure longue & efparpillée, leur chauffure
eft femblable à celle de leur mere.

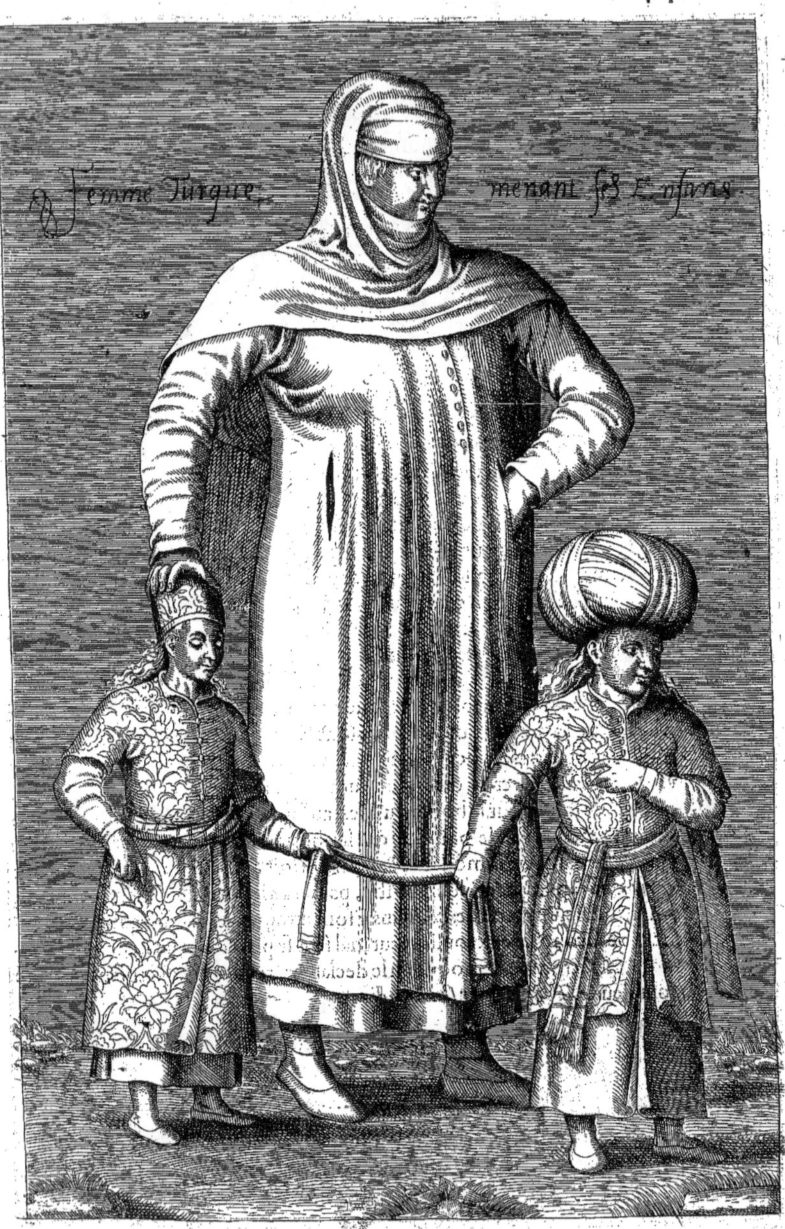

Femme Turque, menant ses enfans

44

'E s t vne chose estrange que le vice ayt pris vn tel pied parmy les hommes, & acquis vn tel priuilege, qu'il se face recognoistre & remarquer, regnant parmy toutes les nations auec tant d'efronterie, & encore qu'il faille que la femme qui deuroit estre le siege de l'honneur, luy face banqueroute pour loger en elle son mortel ennemy. Or affin que les Turcs ne pensent point auoir cét aduantage parmy tant d'autres nations, l'on a dépeint icy vne de leurs filles de ioye auec son accoustrement fort conuenable à son estat. Elle a premierement vn haut bonet de belle & riche façon, qui a par derriere vn petit rebord venant iusques sur le col, auec vn large ruban de soye qui luy vient vn peu bas sur le front, & faisant quelques tours à l'entour du bonet se noüe par derriere en forme de rose : ses cheueux sont frisotez & esparpillez sur ses espaules pendans fort bas derriere & deuant, elle porte vne robe de brocador ou autre riche estofe, de longueur ordinaire, auec les manches de mesme, & par dessus vn petit roquet de la longueur d'vn surplis, ouuert tout au long par deuant, & fermé auec des longues boutonnieres, comme nos Françoises ont à leurs manteaux de chambre, iusques à la ceinture, estant aussi fendu par le costé & attaché de deux boutons, & plus long par derriere d'vn bon demy pied, que par le deuant, sa ceinture est de gaze rayée d'or & de soye, fort large, les manches sont assez larges, & coupées au dessus du coude. Nous auons vn prouerbe commun entre nous qui dit, quand nos dames ont le bouquet sur l'oreille, qu'elles sont à vendre, mais celle-cy offrant elle-mesme sa marchandise, le tient en sa main pour appeller les marchands, elle a de plus la gorge ouuerte qui se verroit d'auantage si ses cheueux n'en couuroient vne partie : ie pense que cét habit sera trouué aucunement dissolu, mais toutesfois il n'est pas mal à propos que celles qui sont desbordées en leurs actions, ayent quelque chose qui les face particulierement discerner. Si cette façon estoit en vsage en France, ie croy qu'il y en auroit beaucoup qui seroient plus sages qu'elles ne sont, pour la honte qu'elles auroient d'estre recognuës entre les autres, & mesprisées de plusieurs qui les honorent, ignorans leur maniere de viure, estimans que la modestie & pudicité soit aussi bien emprainte en leur cœur que l'apparence le demonstre, par vn artifice si naïuement composé, que la meilleure partie des plus fins y sont attrapez & ne s'en vantent pas, aymans beaucoup mieux souffrir leur mal sans se plaindre, que d'encourir le hazard d'estre trompé & moqué en le declarant, telles gens deuroient prendre pour deuise, *Tout endurer sans rien dire.*

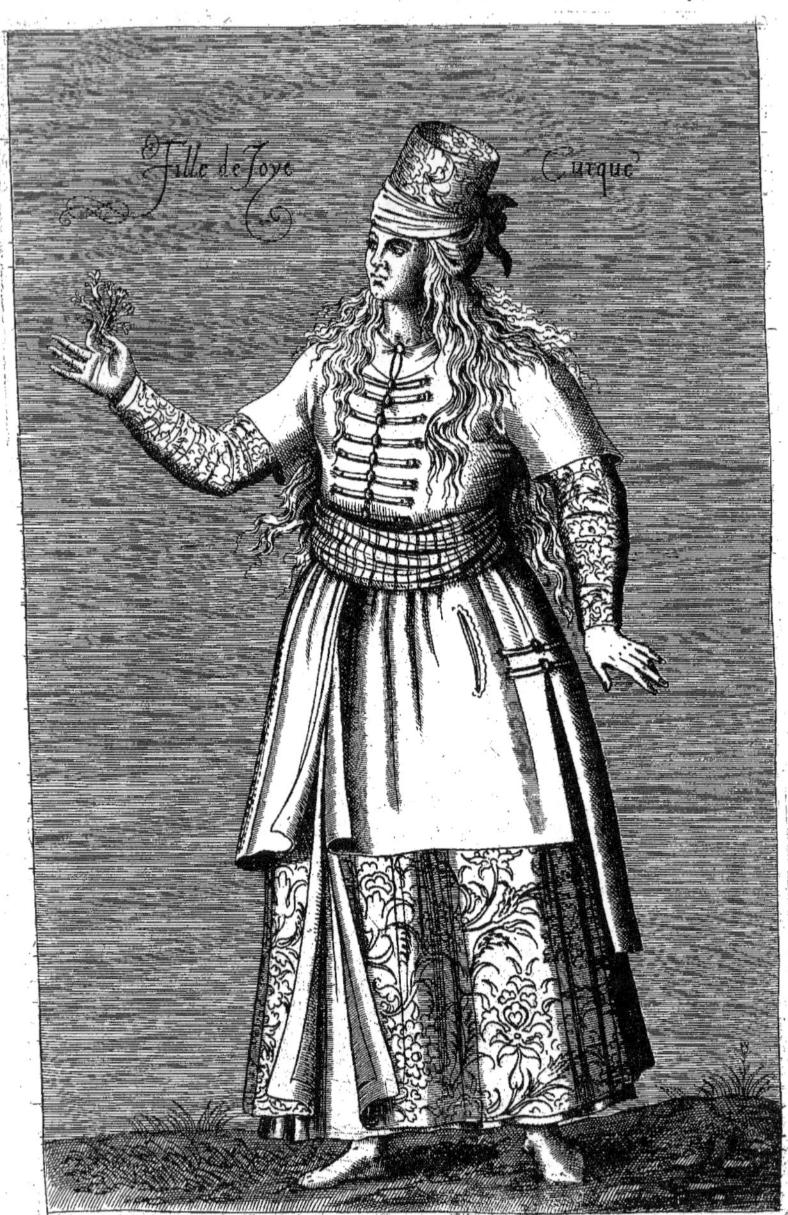

Fille de Joye
Turque

45

IL y a pluſieurs eſtrangers de diuerſes nations qui habitent en Turquie, les vns y eſtans detenus par force comme eſclaues, les autres de bonne volonté, pour y pouuoir plus facilement faire marchandiſe & autre trafic, mais entre tous autres y a quantité de Mores, qui par l’eſpace d’vn long téps qu’ils y demeurent ont des enfans, leſquels eſtant naiz au pays ſont reputez & tenus pour Turcs, bien que leurs parens ſoient Mores. Or pour marque de cela ſoit qu’ils ſoient noirs ou blancs, ils ſont touſiours veſtuz à la Moreſque comme la figure de cette femme vous le repreſente. Elle a premierement pour coifure vne ſorte de haut bonet, quaſi en forme de pain de ſucre, au derriere duquel pend vn creſpe qui luy prend par deſſous la gorge, & à l’entour du col, il y a au deuant vne ſorte de cornette à deux replis, qui ſe rabat ſur le front, tout ainſi que les chaperons de nos bourgeoiſes, le bord de laquelle eſt enrichy de quelques pierres de petit prix: elle porte vne robe de quelque eſtofe mechanique faite au iuſte du corps, boutonnée par deuant, & fort courte, auec les manches fort larges, excepté à l’endroit du poignet qu’elles ſe ioignent au bras: elles ont vne ceinture rayée tournant quelques tours à l’entour du corps, laiſſant pendre les bouts bien bas ſur le coſté; elle a par deſſus ce veſtement vn grand manteau, quaſi à la façon de ceux que portent quelques-vns de nos religieux, boutonné d’vn bouton au droit de la gorge, ſe retrouſſant par deſſus les bras pour auoir les mains plus libres, auec l’vne deſquelles elle trouſſe le deuant du manteau & de la robe, tant qu’elle monſtre toute la iambe, auec de petits brodequins de marroquin, & des eſcarpins qui ne luy chauſſent que le bout du pied. Son veſtement eſt fort long par derriere, il eſt vray que le manteau eſt enuiron demy pied plus court, & pour l’ordinaire elle le porte rouge, iaune, orangé, ou blanc, qu’ils eſtiment encore d’auantage, mettant ainſi la mouche dans le laict: car comme les Françoiſes ſ’accommodent à leur aduantage, vſans des couleurs qui les peuuent faire paroiſtre plus blanches, celles-cy au contraire font choix de ce qui les rend plus noires, car c’eſt leur plus rare beauté, pourueu toutesfois que le teint ſoit fort poly; c’eſt pourquoy elles ſe frotent de quelques huiſles, pour ſe rendre le cuir plus luyſant & doux: Quant à leurs traits de viſage ils les veullent fort lours & groſſiers, le nez plat & large, ce que nous appellons icy en pot de fer, la bouche grande & groſſe, & les leures renuerſées, les cheueux ſont naturellement fort friſez, la taille trape eſt auſſi la plus eſtimée entr’eux, à cauſe de la force dont ils font grand eſtat.

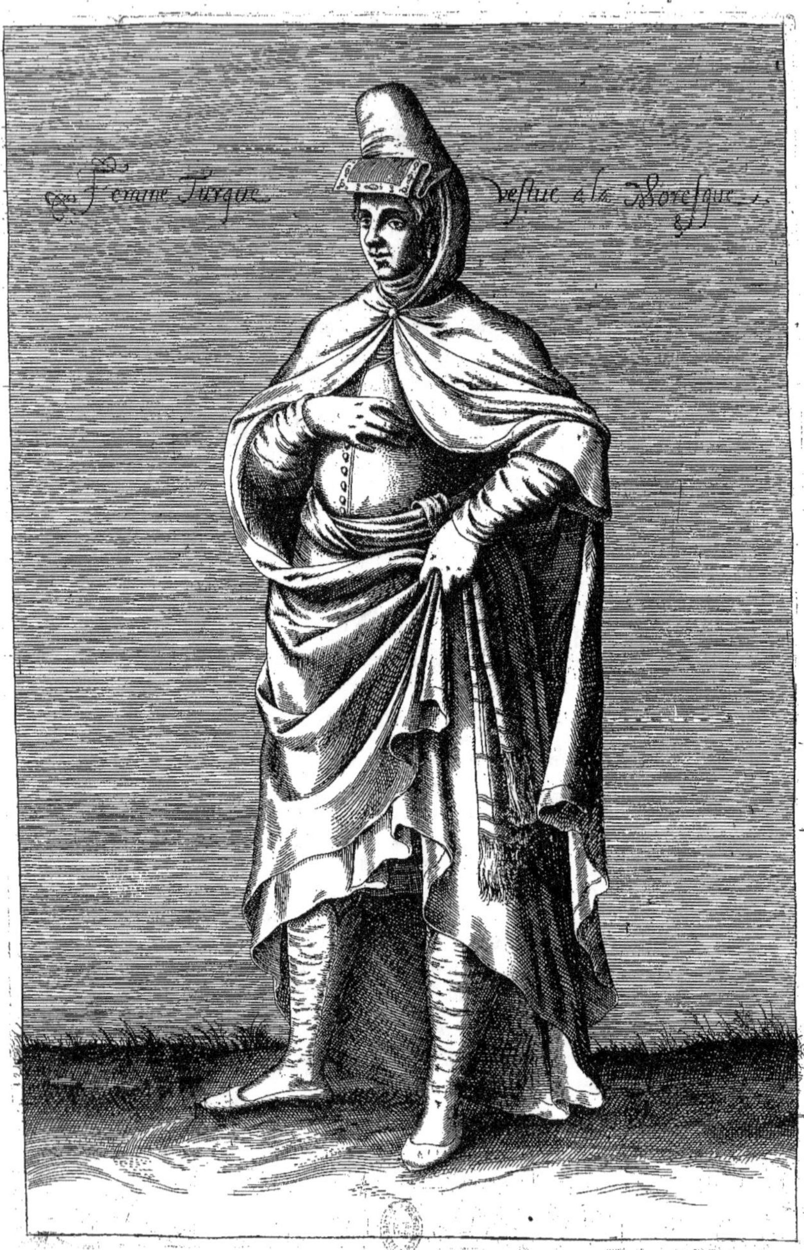

Femme Turque   vestue à la Moresque

46

FEMME D'ESTAT GRECQVE
de la ville de Pera.

A Ville de Pera ou Galata eſt ſituée proche de Conſtantinople accompagnée d'vn canal, par la commodité duquel on
paſſe aiſément de l'vn à l'autre auec de petites barques appel-
lées Permes, l'on y peut auſſi aller par terre, mais il faudroit
faire beaucoup plus de chemin, elle eſt aſſiſe ſur vne petite co-
line, & diuiſée par des murailles en trois parties, dans l'vne deſquelles ſe retirent les vrays Perots, en l'autre les Grecs, & en la troiſieſme les Turcs qui ont
tout le cómandement & authorité, & auſſi quelque peu de Iuifs: Il y a quelques maiſons qui appartiennent aux Chreſtiens dans leſquelles ils demeurét,
d'autant que le Turc ne leur permet pas à tous de demeurer en Conſtantinople, les vrays Perots & les François tiennent en leur Religion l'Egliſe Romai-
ne differente de celle des Grecs, à cauſe dequoy ils ne ſ'aiment pas beaucoup,
de ſorte que ſi vn Grec eſpouſe vne Perotte Franque, ou vne Perotte Fráque
vn Grec chacun garde ce priuilege de viure en ſa Religion, ce qui engendre
entre eux beaucoup de mauuais meſnage. Quant à leur accouſtremét celuy
de la femme d'Eſtat Grecque habitante de cette Cité de Pera eſt tel : elle porte pour coifure vn bonet rond de ſatin cramoiſi ou brocador entouré d'v-
ne belle guirlande de ſoye & d'or, enrichie de perles & pierreries, celles qui
ſont vn peu aagées portent par deſſus vn voile de toile blanche quand elles
vont par la ville qui leur pend fort bas par derriere, elles ont le col tout entor-
tillé de carquans, & vne chaiſne fort riche; la gorge deſcouuerte aſſez bas,
auec vne petite piece en pointe, bordée par le haut d'vne riche carrure, elles
ont pour veſtement vne ſorte de manteau de fort riche eſtoffe qui ſ'attache
au bout de la piece auec vn petit bouton d'or, le reſte ſ'ouure vn petit iuſques
au bas eſtant fort eſcharſe, & nullement froncé par deuant, mais tout d'vne
venuë, le peu de plis qu'il y a ſe reiettant ſur le derriere : elles ſont fort magnifiques en leurs chemiſes auſſi bien que les Turques, les portans de creſpe ou
petit tafetas de couleur, pourfilé ou rayé d'or; leur chauſſure eſt de mauuaiſe
façon, fort large & groſſiere qui ne leur couure que le petit bout du pied, elles ont auſſi force belles bagues aux doigts, des bracelets & autres affiquets,
& ſont fort curieuſes de ſe farder, & corriger par leur artifice les défauts qu'elles ont eu de la nature, bien qu'elles n'ayent pas beaucoup de ſubiet de ſ'en
plaindre, car elles ne ſont point trop mal agreables : les femmes veſues de ce
pays portent vn voile comme celles-cy, mais il eſt d'vne couleur iaune ſa-
franée.

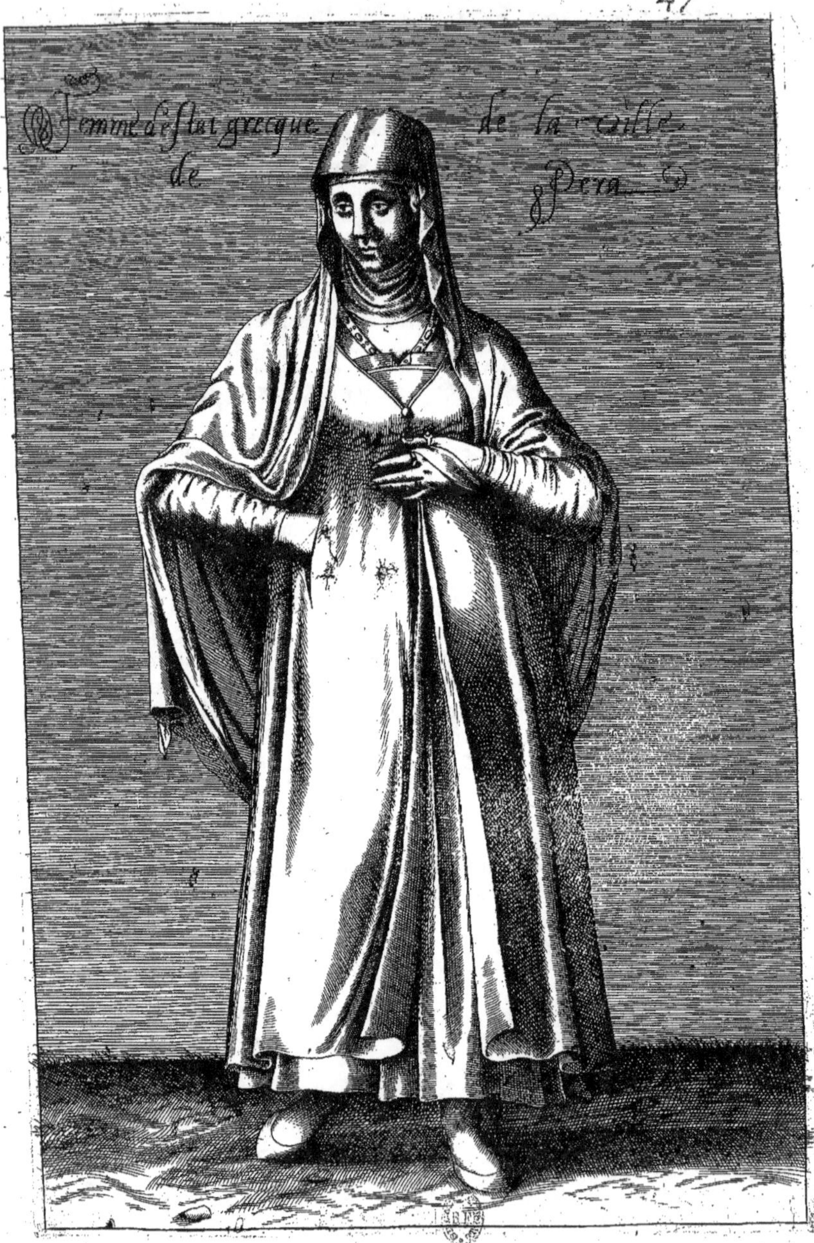

M iij

GENTILLE FEMME PEROTTE
Franque.

NCORE qu'entre toutes les femmes de l'Europe celles de
Pera foient les plus fomptueufes en leurs accouftremens, il
y en a toutesfois qui f'accommodent auec plus de mode-
ftie les vnes que les autres, comme vous pouuez voir par la
figure qui vous eft icy reprefentée de la Perotte Franque,
laquelle porte fur fa tefte vne forte de voile, qui eft accommodé par deuant à peu pres comme ceux de noz Religieufes, mais il eft fort
long par derriere, & vient pendre fur les efpaules couurant la moitié du bras,
quafi comme les grands voiles que l'on porte icy au dueil; elle monftre
vn petit tortillon de cheueux à la façon ancienne des Damoifelles, fon col
eft vn peu longuet auquel elle porte vn colier de groffes perles, & plus bas
fur fa gorge defcouuerte vn riche carquan d'or: Son corps eft faict à la façon
de noz Villageoifes fouurant en pointe par deuant, enrichy de quelques paf-
femens qui font vn petit bord, & f'attache en bas auec quelque bouton d'or
ou d'argent. A l'ouuerture que nous auons dite fe void la belle chemife de
crefpe ou tafetas, le bas de la robe eft fort ample, & tout pliffé à petits plis
comme vn furply de Religieufe, ayant tout autour du bout vn paffement; ce
veftement eft vn peu court, les manches faifans quelques plis le long du bras,
la chauffure eft bien proprement tirée, le foulier ne couurant que le bout du
pied en forme ronde fans talon: elles font affez belles de vifage & de façon
agreable quant à leurs deportemens, la meilleure partie de celles de ce pays-
là font fort voluptueufes & mondaines, d'où vient qu'elles fe laiffent quelquesfois aller au mal, lors principalement que leur moyen n'eft pas fuffifant pour conçeuoir le defir qu'elles ont d'eftre braues & magnifiques, car c'eft leur plus grande ambition, tellement que le plus
fouuent elles mettent l'honneur foubs le pied pour auoir
les pierreries fur la tefte.

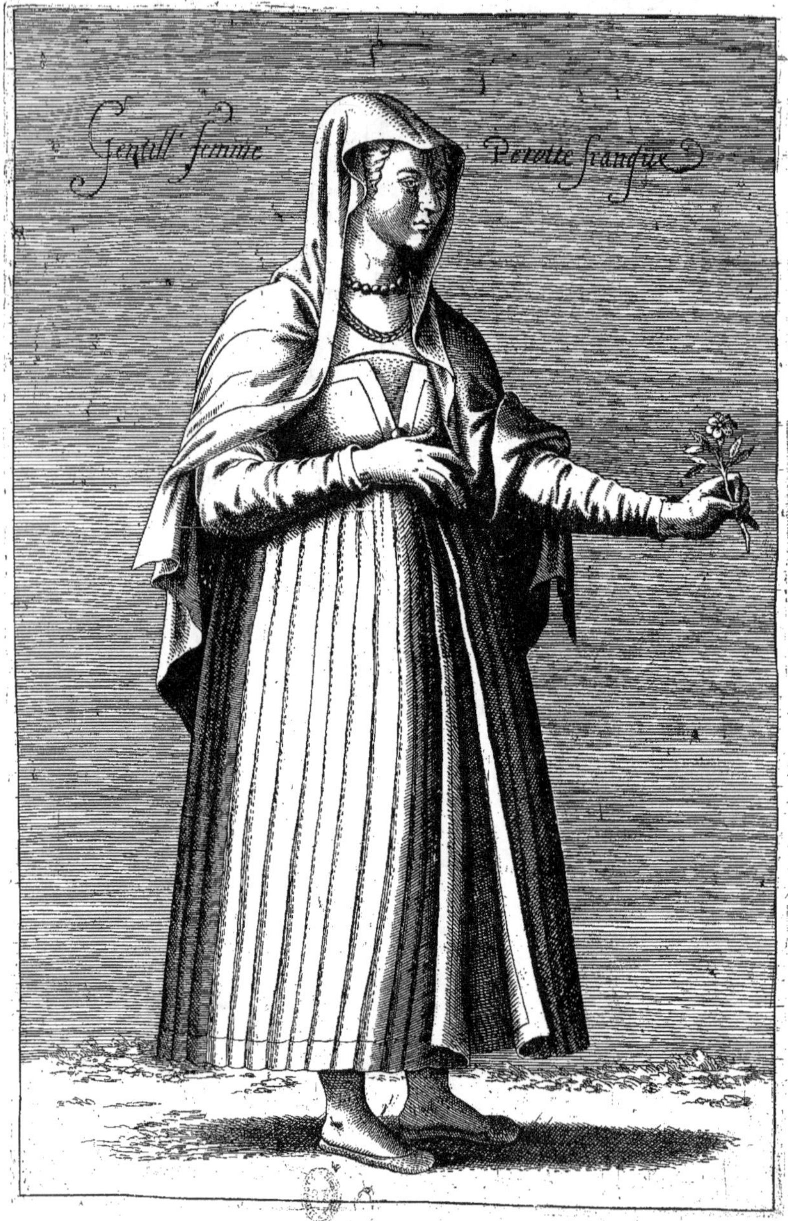
Gentill'femme
Perotte francue

GENTILLE FEMME PEROTTE
Franque.

NCORE qu'entre toutes les femmes de l'Europe celles de
Pera soient les plus somptueuses en leurs accoustremens, il
y en a toutesfois qui s'accommodent auec plus de modestie les vnes que les autres, comme vous pouuez voir par la
figure qui vous est icy representée de la Perotte Franque,
laquelle porte sur sa teste vne sorte de voile, qui est accommodé par deuant à peu pres comme ceux de noz Religieuses, mais il est fort
long par derriere, & vient pendre sur les espaules couurant la moitié du bras,
quasi comme les grands voiles que l'on porte icy au dueil; elle monstre
vn petit tortillon de cheueux à la façon ancienne des Damoiselles, son col
est vn peu longuet auquel elle porte vn colier de grosses perles, & plus bas
sur sa gorge descouuerte vn riche carquan d'or: Son corps est faict à la façon
de noz Villageoises s'ouurant en pointe par deuant, enrichy de quelques pas-
semens qui font vn petit bord, & s'attache en bas auec quelque bouton d'or
ou d'argent. A l'ouuerture que nous auons dite se void la belle chemise de
crespe ou tafetas, le bas de la robe est fort ample, & tout plissé à petits plis
comme vn surply de Religieuse, ayant tout autour du bout vn passement; ce
vestement est vn peu court, les manches faisans quelques plis le long du bras,
la chaussure est bien proprement tirée, le soulier ne couurant que le bout du
pied en forme ronde sans talon: elles sont assez belles de visage & de façon
agreable quant à leurs deportemens, la meilleure partie de celles de ce pays-
là sont fort voluptueuses & mondaines, d'où vient qu'elles se laissent quelquesfois aller au mal, lors principalement que leur moyen n'est pas suffisant pour conceuoir le desir qu'elles ont d'estre braues & magnifiques, car c'est leur plus grande ambition, tellement que le plus
souuent elles mettent l'honneur soubs le pied pour auoir
les pierreries sur la teste.

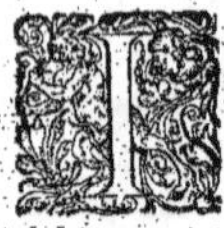

IL est bien raifonnable que les filles s'accommodēt d'vne façon plus iolie & reffentāt mieux fa ieuneffe que la femme, & à la verité il femble que la fēme n'ait plus befoing d'aucū artifice pour fe rédre agreable, ains qu'elle fe doiue mōftrer plus modefte en toutes fes actions pour fe maintenir en bonne reputation, & conferuer l'amitié de fon mary : au cōtraire la fille ne peut eftre blafmée pour rechercher quelque petite mignardife pour donner de l'affection ; ce qui fe practique ordinairement, & par fes petits attraits elles rencontrent quelquesfois vne bonne fortune qui les faict viure heureufes le refte de leur vie. C'eft peut eftre ce qui eft caufe que les filles de la ville de Pera font fort richement veftuës, ayans pour coifure vn petit bonet quafi comme noz Dames en portent les iours de parade, il eft de drap d'or, & à l'entour vn cordon de pierreries fort large & faifant deux tours, tellement qu'il couure prefque la moitié du bonet, fe croifant au deuant à l'endroit de l'efchancreure : fur le cofté eft vne petite aigrette d'or & de pierreries qui furpaffe tout le deffus du bonet, par deffoubs lequel les cheueux blonds & bien frifez f'efpandent fur les efpaules, leur col eft orné d'vn riche carquā d'or efmaillé auec force pierreries, dont la plus belle pend au milieu en forme de quelque enfeigne ; elles ont la gorge fort ouuerte portans leurs robes de velours figuré, fatin cramoifi, ou brocador : car les moindres en ce pays font de damas, Burfie ou autre eftofe de foye figurée, elles font fort efcarrées à la façon que quelques Françoifes en portent l'Efté, & leur chemife de crefpe pourfilé, ou de tafetas rayé d'or furpaffe à l'entour enuiron de quatre doigts auec vne petite dentelle qui fe dreffe contre la gorge : cette robe eft affez longue, & pliffée principalement par derriere s'ouurant vn peu deuant par le bas fans forme de bufte, ayant vne ceinture d'or enrichie de pierreries, qui eft mife en forte qu'elle r'acourcit fort le corps & monftre peu la taille ; elles n'ont autres manches que celles de leur chemife qui f'eflargiffent fort par le bas & font courtes, ce qui faict voir vn peu le bras auec de larges bracelets de pierreries ; elles portēt des chauffes des plus belles couleurs qu'elles peuuent, auec de certaines petites fandalles de cuir attachées par deffus d'vn ruban de foye noüé en petite rofe. Vous pouuez iuger par cette defcription la fomptuofité de ces femmes en leurs habits, dont elles font fi curieufes qu'elles y mettent tout ce qu'elles peuuent auoir, & n'y a fi petite Marchande ou Bourgeoife qui ne porte la foye auffi bien que celles de ce pays.

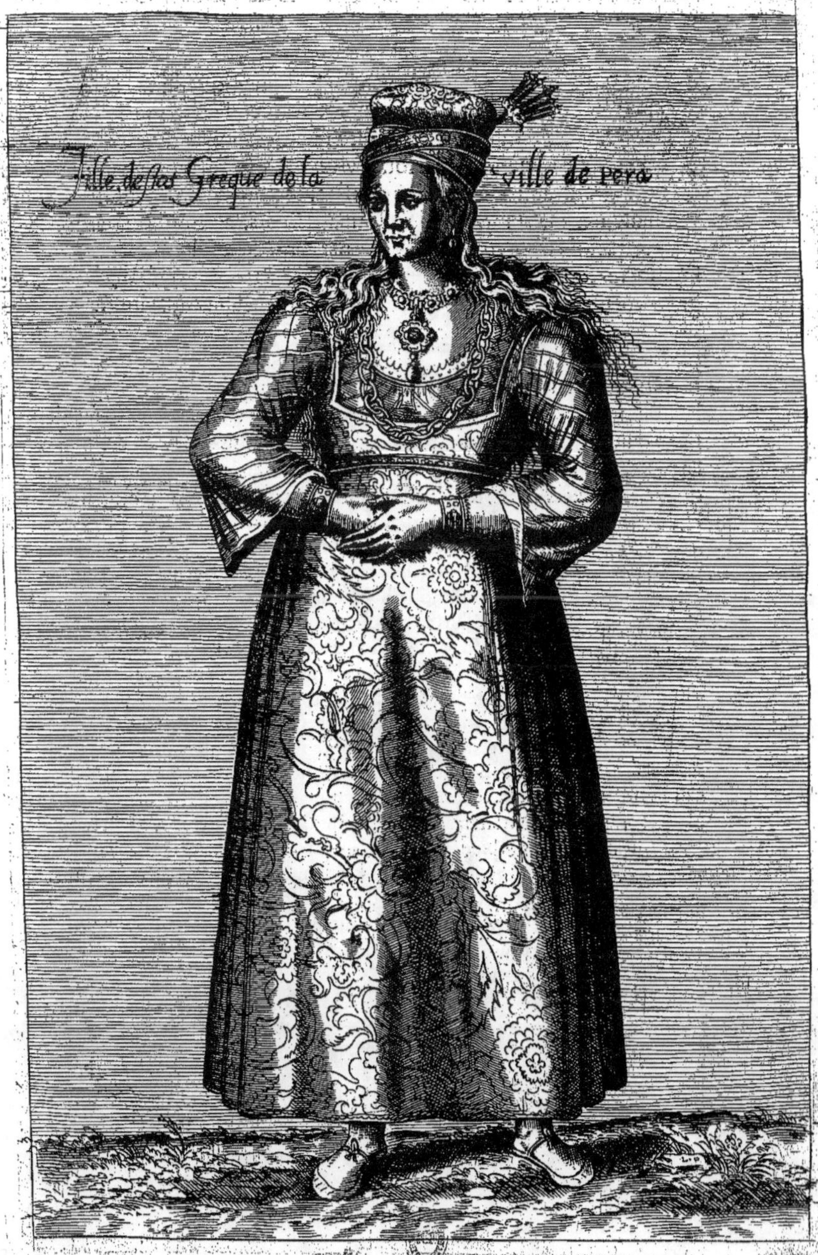

Fille de fes Greque de la ville de vera

E v x qui font quelque peu practiquez à la lecture des hi-ſtoires peuuent ſçauoir combien le pays de Thrace eſt de grande eſtenduë, voire meſme ſi puiſſant, que ſi le peuple ſe vouloit ranger ſoubs vn chef, & ſe laiſſer gouuerner par ſon authorité il ſeroit quaſi inuincible; mais la confuſion qui eſt ordinairement la ruine des plus floriſſans Eſtats, leur apporte beaucoup de mal, auquel il eſt fort difficile de donner remede, eſtans de nature cruels & inhumains, ce qui paroiſt à leur ſeul regard & parole furieuſe eſtans fort grands & puiſſans, & toutesfois ayans cette mauuaiſe couſtume entr'eux de viure en oiſiueté, eſtimans comme vne ſorte de vitupere le trauail, aymans mieux viure de larcin, & meſme le tenans à honneur. Les hommes de cette nation ne ſont non plus exempts de ialouſie que les Turcs, car ils gardent leurs femmes auec vn grand ſoing, non tant pour amour qu'ils leurs portent qu'à cauſe du grand prix qu'elles leur couſtent; car ils les achetent-là, comme l'on faict icy les meubles à l'encan au plus offrant, & ne les peuuent eſpouſer que premierement ils n'ayent baillé l'argent aux peres & meres. Or de tout ce pays, la principale ville eſt la Cité d'Andrinople peuplée de perſonnes de diuers eſtats & moyens habillez chacun ſelon ſa qualité: celles d'entre les femmes qui ſont de condition plus releuées ſont veſtuës d'vne robe bien ló-gue toute d'vne venuë ſans eſtre nullement pliſſée par deuant, eſtant de bro-cador ou autre riche eſtoffe, les maches tout de meſme aſſez iuſtes au bras, il y a deux petites fentes à l'endroit de la ceinture dans leſquelles elles mettent les mains: cette robe fenduë tout du long par deuant ſe ferme par le haut a-uec quelques boutons & fort eſcarrée à l'entour de la gorge, qui eſt couuerte d'vn mouchoir fort large qui leur monte iuſques ſoubs le menton, quaſi en forme des guimpes de quelques-vnes de noz Religieuſes: elles portent ſur la teſte vn voile qui leur accompagne vn peu le viſage par le coſté, & les deux bouts ſe reiettent pendans auec vne longue frange à demy pied du bord de la robe, elles ont aux pieds vne ſorte de pantoufle à ſimples ſemelles qui ne leur en couure que le petit bout: elles n'ont aucune ſorte de bagues, ioyaux, ny autres affiquets ſ'accommodans de façon fort modeſte, comme elles en ont auſſi le port & la grace, auec vne beauté fort agreable & ſans nulle affetterie, ce qui les faict d'auantage eſtimer, non ſeulement de ceux de leur pays, mais auſſi des autres nations.

Femme destat Grecque de la Cité d'Andrinople
ville de Thrace.

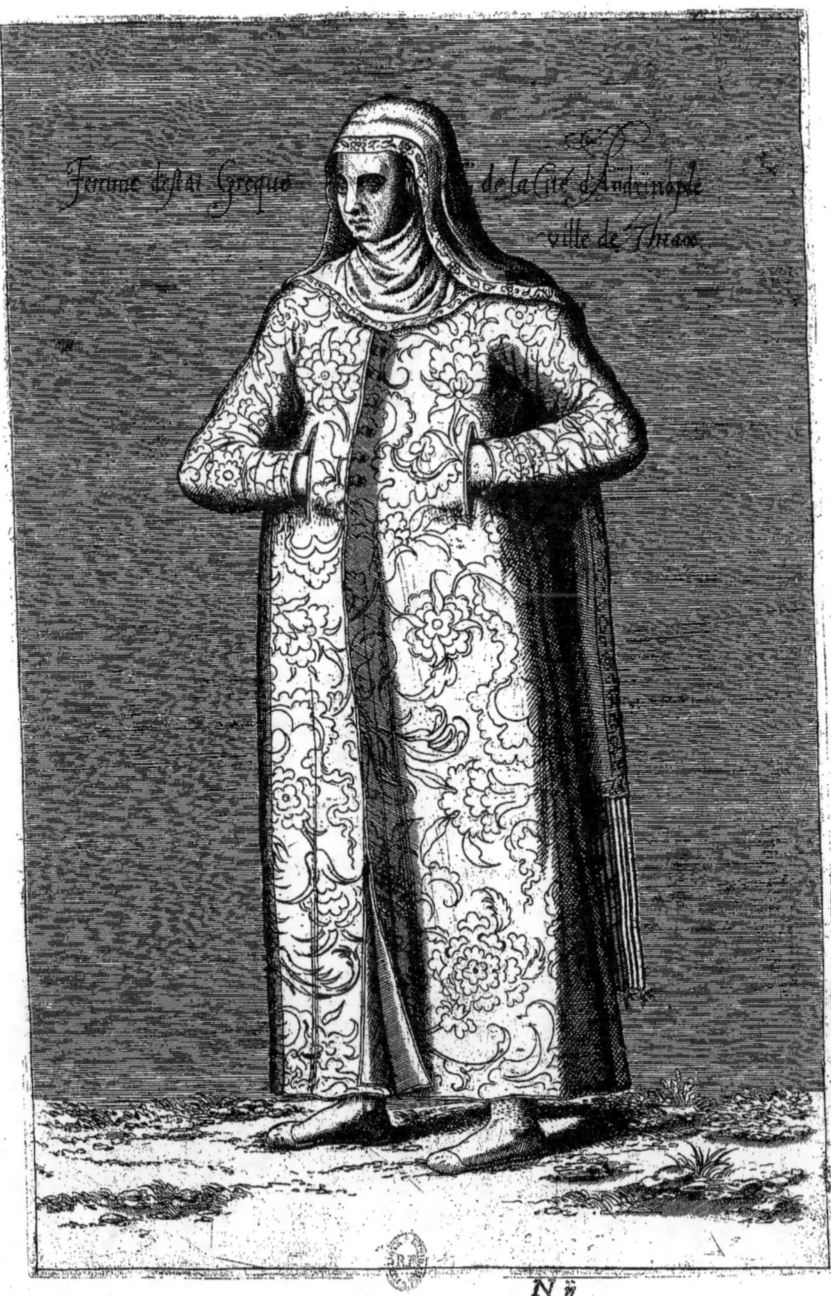

50

N 7

TO vt ainsi que la ville de Constantinople estant la principale de la Turquie, sert de retraicte à plusieurs estrangers, de mesme celle d'Andrinople en Thrace sert de refuge à beaucoup de Grecs, Iuifs & autres, qui bien qu'ils soiét là habituez retiennent tousiours pour marque de leur nation, vn certain habit particulier. Les femmes Iuifues donc qui sont demeurantes en ce lieu, sont coifées d'vne sorte de couurechef à la villageoise, dont les bouts se tournent à l'entour du col, d'assez mauuaise grace, elles portent vne robe iuste au corps, & assez eschasse & peu froncée par le bas, venant de longueur enuiron la cheuille du pied, ayant aussi vne ceinture qui se cordonne autour du corps, comme les cordons de crespe que portent icy les hommes à leurs chapeaux; elles portent vn certain ioyau deuant elles pendu d'vn ruban, à la façon que quelques Françoises ont des Croix ou Agnus Dei, & outre cela vne chaisne d'or de valeur, selon leur moyen & qualité, sans autres bagues ny enrichissemens. Elles ont aussi vne espece de long manteau, fort ample sur les espaules, qui semble estre attaché par deuant, à la façon des chapes de nos Prestres, retroussant auec la main l'vn des costez, qui leur couure tout le bras, & l'autre se renuerse laissant le bras gauche libre, ressentant vn peu sa Boësmienne ou Egyptienne: leur chaussure ne ressemble pas mal à des sabots, excepté que le pied est plus descouuert, cette sorte d'habillement est fort maussade & mal agreable, aussi sont celles qui le portent, car elles sont fort laides & de mauuaise grace. Cette miserable nation s'habituant ainsi par tout où on les veut receuoir, n'ayant point de demeure & de retraicte propre, mais estant en vn exil perpetuel, qui est tel qu'ils sont tousiours vagabonds par toute la terre, sans qu'ils puissent demeurer nulle part, qu'en qualité d'esclaues payans tribut. Voila comme le iugement de Dieu s'exerce tousiours sur eux, & sont tellement endurcis qu'ils ne ressentent point leur mal, c'est pourquoy ils n'ont garde d'y trouuer de remede.

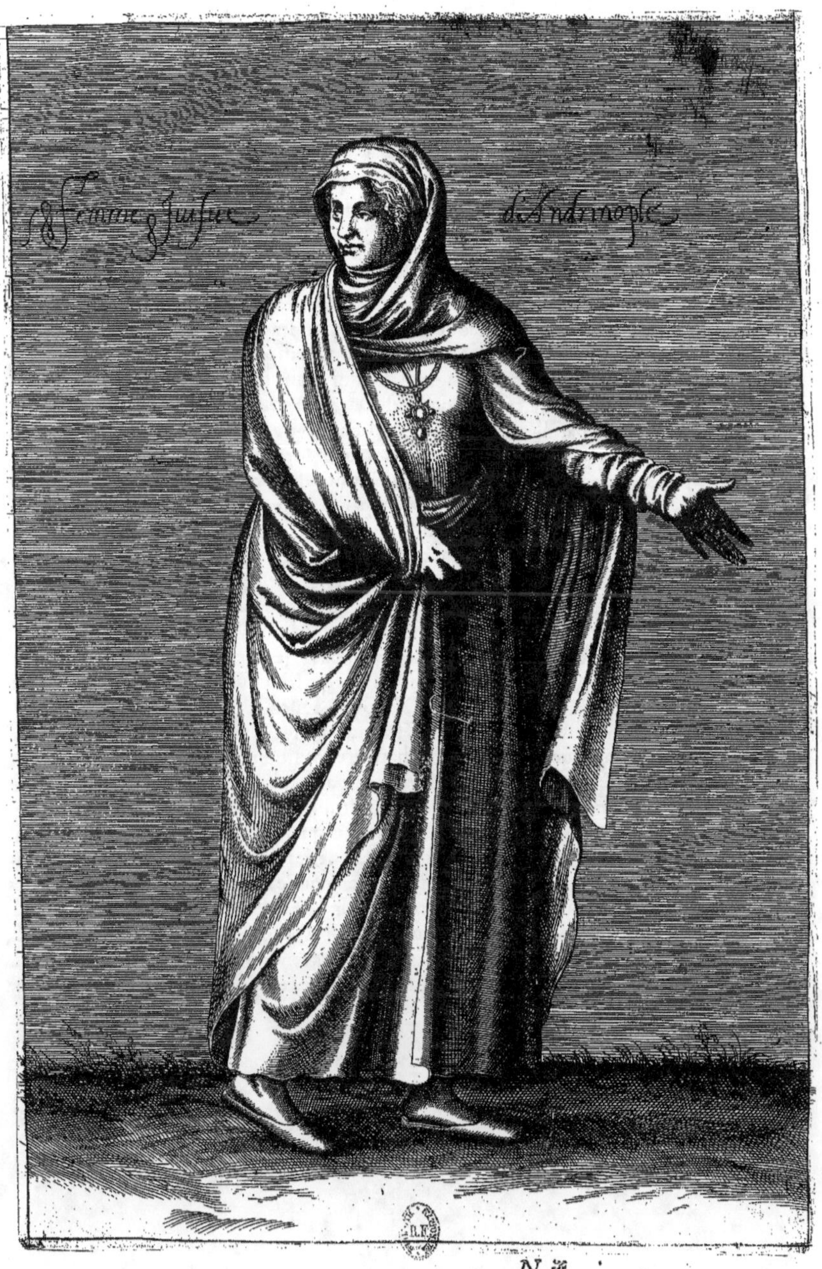

Femme Juifue
d'Andrinople

51

LA precedente defcription vous a peu faire voir comme quelque nombre de Iuifs fe retirent à Andrinople, d'autant qu'ils cherchent toufiours les principales villes du pays où ils font, afin de pouuoir plus facilement mener leur trafic de marchandifes, & d'argent qu'ils preftent à vfure : nous auons maintenant en Europe cette commodité, fans qu'il nous foit befoin d'y retirer les Iuifs, d'autant que cette pratique fe fait publiquement, ce qui eft caufe de la totale ruine d'vne infinité de bonnes & grandes familles, mais cela n'eftant le fubiect de noftre difcours, ie ne m'y eftendray d'auantage, pour retourner à nos Iuifs. Lefquels eftans demeurez long-temps en cette ville d'Andrinople, font venus à auoir quelques enfans, qui ayans pris la qualité de l'air du pays, font affez beaux, côme la figure de cette fille vous reprefente, eftant auffi affez ioliment habillées, coifées d'vn petit bonet de forme plate par le deffus, auec vn gros bord tortillé par deffous, lequel fort dés deux coftez, vne partie de leurs cheueux pendant iufques à la moitié du corps par deuant, l'autre partie demeure pendante fur les efpaules par derriere, elles n'ont point de colet ny autre chofe au col qu'vn petit colier d'or, aux oreilles de beaux & riches pendâs, & de plus vne chaifne d'or qui vient iufques à la ceinture, fans eftre reprife ny attachée. Leurs robes font de fort riche eftofe, faite par ramage de fort belle façon, dont le corps eft vn peu large & vague, fermé au deuant de quatre boutons à queuë, leur ceinture eft de gaze rayée, fe tortillant comme le bord du bonet, les manches font vn peu larges, qui ne viennent que iufques au coude, en ayant d'autres par deffous qui font quelques plis le long du bras iufques au poignet, le refte de la robe eft affez ample, mais les plis fe reiettent fort fur le derriere, le deuant eftant tout vny, & moyennement longue, par deffous laquelle fe void vne chauffure commune, auec vne forte de pantoufles fort baffes, voila ce qui eft de leur accouftrement. Quant à leur maniere de viure elles peuuent bien vfer du priuilege des autres filles de Thrace, puis qu'elles en font habitantes, & mefmes quelques-vnes y font nées, qui eft tel que les peres & meres leur permettent de s'abandonner à qui bon leur femble, & toutesfois ne laiffent d'en tirer grande fomme d'argent de ceux qui les veulent auoir en mariage, cela s'entend de celles qui font belles, mais quelques-vnes qui font mal partagées pour la beauté, il leur eft befoin d'auoir la bource bien garnie pour trouuer quelqu'vn qui les veuille, ou pluftoft leur argent, c'eft la commune pratique de ce temps, où la bource fe recherche pluftoft que la fille.

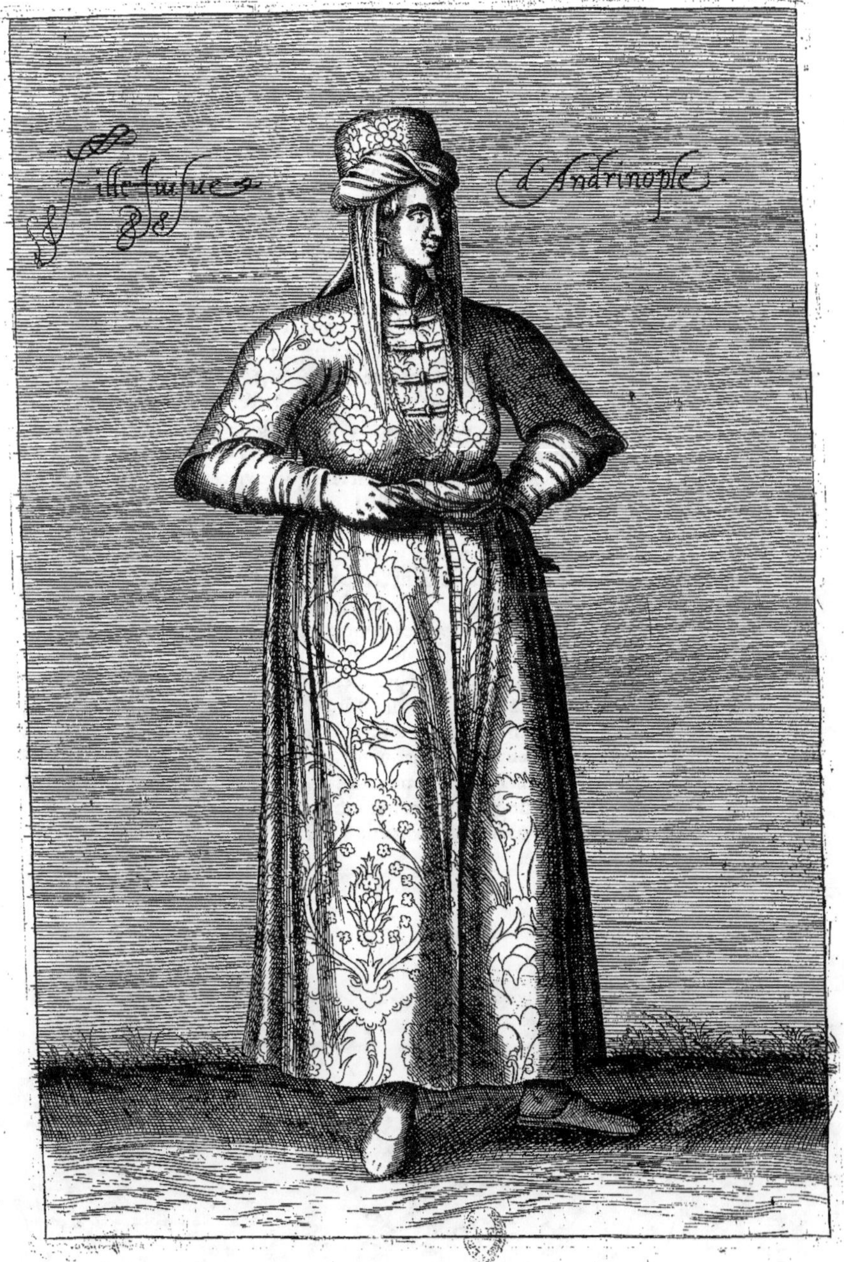

Fille Iuifue
de
d'Andrinople

52

OMME en toutes les nations il y a toufiours eu des perfonnes de diuers eftats & conditions, il eft facile à iuger que la Grece eftant des plus puiffantes & floriffantes qui foit en l'Europe, eft auffi remplie de fimple peuple, qui n'ont autre eftat ny moyen de viure que ce qu'ils gaignét de leur labeur; comme laboureurs demeurants aux champs & aux villages, qui eftans proches des principales villes, portent iournellement vendre des vollailles, œufs, fromages, fruits, herbes & autres petites commoditez, que leur produict leur petit mefnage, cecy eft proprement le labeur des femmes, felon mefme la pratique qui fe fait entre nous. C'eft ce que la prefente figure nous monftre par le portraict de cette villageoife Grecque, qui porte pour habit vne robe fort large & tout d'vne venuë, fenduë par deuant, & clofe iufques vers la ceinture de quelques boutons fort petits, les deux coftez fe renuerfent vn petit venans en bas, le corps eft fort efcarré tout à l'entour de la gorge, quafi à la façon de quelques-vnes de nos villageoifes Françoifes, & au lieu du collet qu'elles portent, celles-cy ont pour couurir leur gorge vn certain linge fort ample & large, qui leur va iufques par deffus le menton, elles ont leurs mâches affez largettes & fort longues, qui fe pliffent fort le long du bras, & fe réuerfent enuiron de quatre doigts fur le poignet. Leur coifure eft vne forme de petit Tulban qui leur prend deffus le front, & fe tortille à l'entour de la tefte à petits plis, de forme vn peu ronde & haute, les deux pendants depuis le bout de la coifure, auec vne grande frange iufques vn peu au deffus des iarefts: fa chauffure eft affez propre, qui fe monftre peu, d'autant qu'elle porte fon veftement long, elle a le foulier pointu vn peu efchancré par les coftez, quafi à la façon de ce pays, excepté qu'il n'y a point d'attaches, elle porte auffi en fa main vn panier plein de la marchandife dont elle fait trafic, qu'elle tient auec vne forte de gaze rayée, eftant vn petit ouuragée & frangée par le bout. C'eft tout ce qui ce peut dire fur ce fubiect, pour les femmes elles ne font pas trop laides, mais d'affez bonne grace, retenans toufiours quelque chofe de l'ancienne habitude de leurs pays, qui eftoit vne vraye efcole de la plus ciuile conuerfation qui ayt efté.

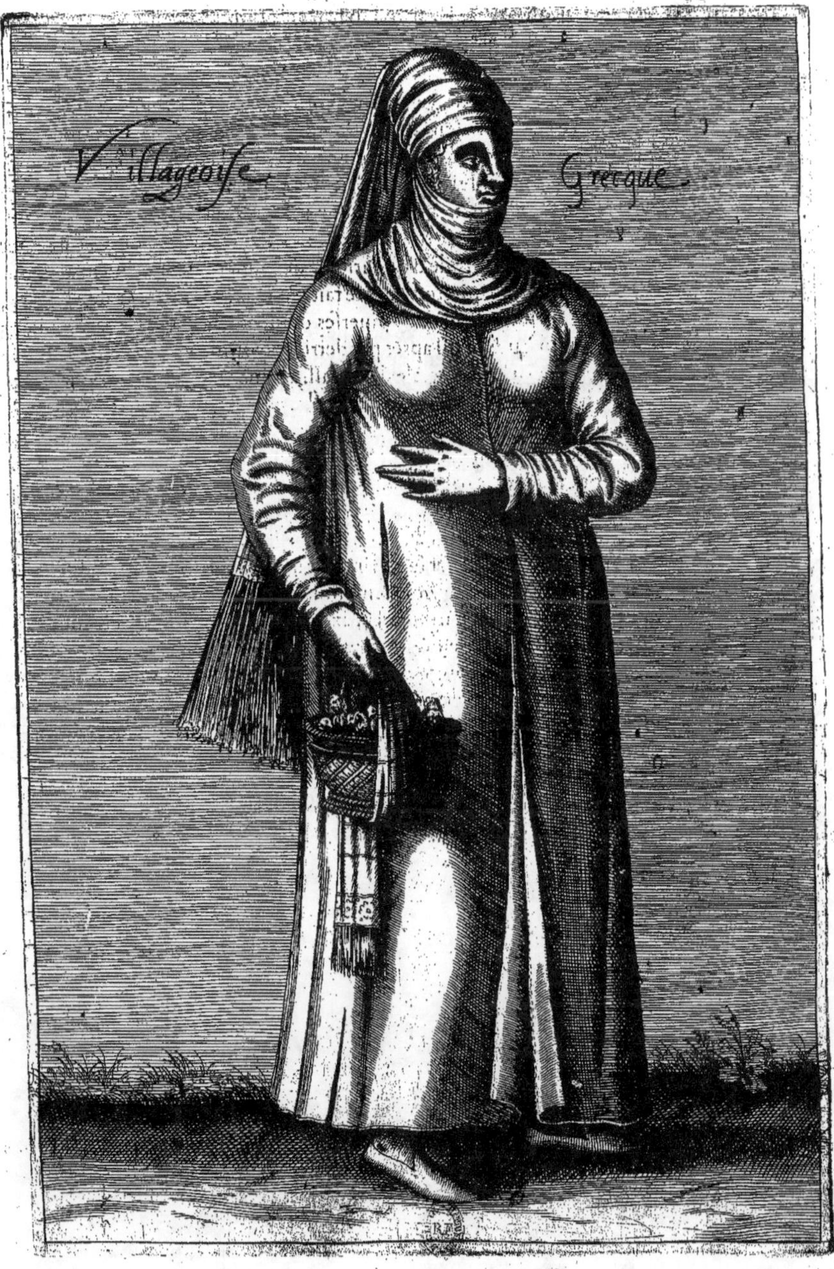

Villageoise
Grecque

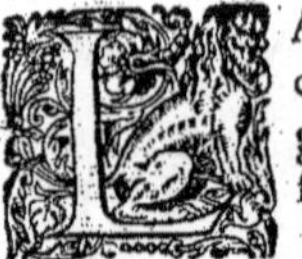 A Macedoine faifant l'vne des principales parties de la Gre-
ce,il m'a femblé que cette defcription n'aura point mauuaife
grace apres la precedente,puis que la figure qui eft icy reprefentée le requiert. Cette forte d'habit comme vous pouuez
voir, participe de plufieurs autres nations, portans leur coiffure quafi en forme d'vne corbeille ou panier à fruicts, faite de bois fort leger
& delicat, couuert d'vne toile d'or enrichie de plufieurs beaux ioyaux, en forme de côpartiments de pierreries, & fe fait par le haut vne façon de courône,
au derriere eft vn voile de foye de diuerfes couleurs,duquel vne partie faifant
en haut vn petit nœud, pend apres par derriere comme vne bâderolle: l'autre
partie eft referrée auec vn cercle d'or maffif, femé de force pierreries, & s'ef-
pend auec quelques treffes de cheueux fur les efpaules & vers le vifage,qu'elle
a comme bridé par deffous le menton d'vn cordon de perles, ayant auffi aux
oreilles de riches pendans, & au col vn fort beau colier, & vne chaifne tres-
belle & de grand prix. Sa robe eft ample & pliffée par le corps, quafi comme
les manteaux de nos Françoifes, & pour la qualité de l'eftofe c'eft ordinairement de velours ras,ceinte d'vn crefpe de diuerfes couleurs,les manches font
fort longues, fe repliffans fort fur le bras, de largeur affez ordinaire, la chauffure eft à la Polaque fort mignonnement faite, & tient en fes mains quelque
forte de beaux fruicts pour monftrer l'excellence du pays, qui y eft merueil-
leufement abondant par deffus tous autres & des plus rares;quelques-vns di-
fent que par deffus cette longue robe que nous auons ditte, elle porte vne
forte de petit furply de quelque petite eftofe de foye blanche, qui ne vient
pas plus bas que la moitié de la iambe, & auffi vn certain voile de diuerfes
couleurs, qui luy couure les yeux allant dehors, luy demeurant au col en façon d'efcharpe eftant à la maifon, mais il n'en paroift rien en ce portraict.
Quant à la beauté du vifage,elles n'en font point mal partagées,mais leur taille eft fort belle, & leur port plein de majefté.

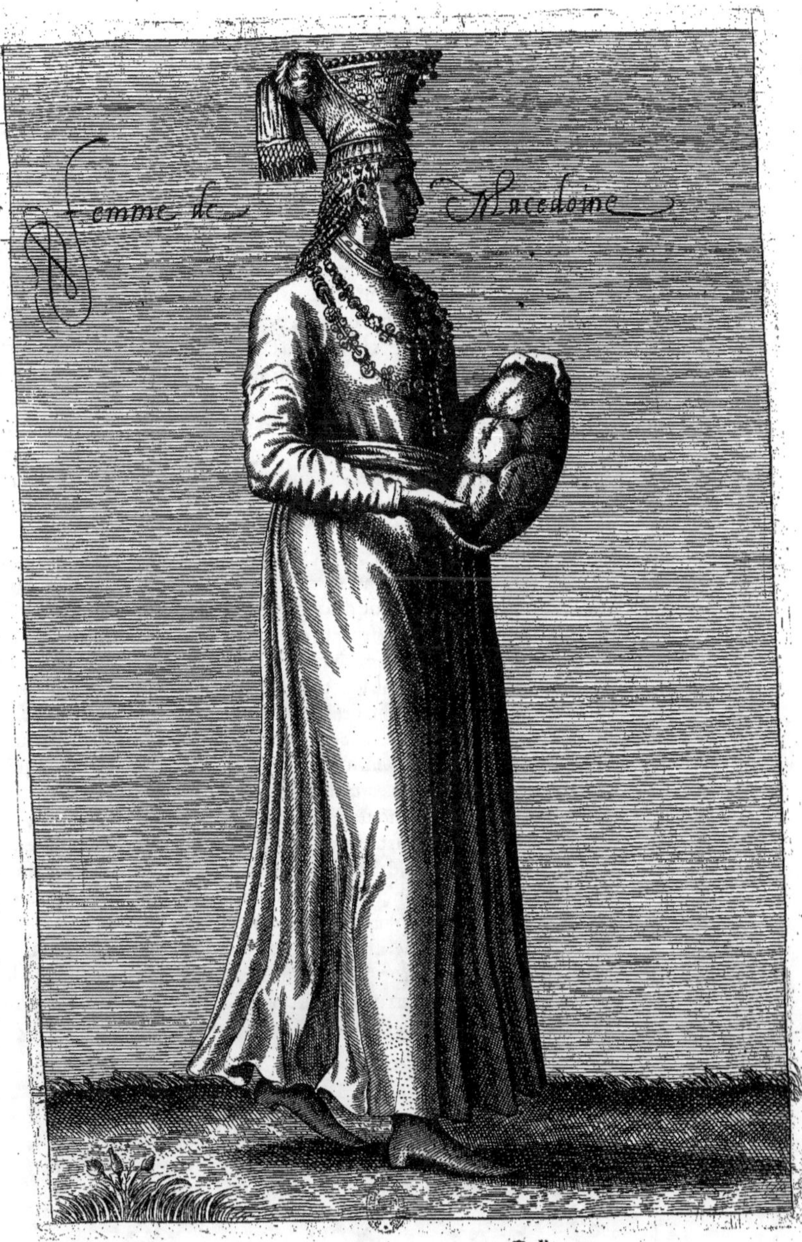

Femme de Macedoine

54

LA ville de Chio estant bien situëe & accompagnée des choses les plus desirables, est par consequent fort peuplée de gens de diuerses nations, qui se rangent là pour la commodité du trafic & marchandise de toutes sortes, les ruës y sont belles & larges, les maisons bien basties, auec quantité de beaux iardins, remplis des plus excellens & rares fruicts, & ce qui en rend encore la demeure plus plaisante, est la beauté des femmes qui y sont, qui se rendent tant agreables par leur courtoisie & ciuile conuersation, qu'elles emportét le prix entre plusieurs autres nations, se faisans aussi beaucoup estimer pour leur proprieté & gentil accoustrement. Les femmes d'estat portent leurs robes & cottes de velours, satin, damas, ou autre belle estofe de soye, & pour l'ordinaire sont de blanc, ou de couleur fort esclatáte, qu'elles enrichissent de larges bandes de velours à l'entour, la cotte bien qu'elle soit courte monstrant quasi la moitié de la iambe, est toutesfois vn grand demy pied plus longue que la robe, & se plisse fort menu par derriere & deuant, & non sur les costez qui demeurent tous vnis, elles ont le corps fort court, escarré par deuant vn petit, & au bord enuiron deux doigts de broderie d'or & de perles. Elles monstrent vn peu leur gorge, ayans sur icelle vn riche colier de grosses perles, elles portent aussi vn tablier ou deuanteau blanc, fort bien ouuragé & frangé par en bas, & est encore plus court que la robe de quatre bons doigts, il se noüe par derriere auec de beaux cordons qui seruent de ceinture, dont les deux bouts frangez pendent vn peu derriere, leur chaussure est fort poupine, iuste sur la iambe, auec le petit escarpin qui ne leur tient qu'au bout du pied, le reste en estant descouuert, elles sont ordinairement chaussées de couleur blanche, à cause qu'elle paroist d'auantage: leur coiffure est haute esleuée & de forme vn peu rondelette de satin blanc enrichie d'or & de perles ou pierreries, qui se serre par le bas auec de longues attaches houpées par le bout, & autres rubans de soye, qui font plusieurs nœuds par derriere, ont aussi sur le front vn bandeau de crespe iaune rayé & papilloté d'or, qui se noüe au derriere de leur coiffe. Les femmes pour se rendre differentes des filles, portent sur leurs espaules vn linge delié dont la blancheur est admirable, ce qui leur sied extremement bien, donnans encore plus d'esclat à leur naturelle beauté, en laquelle ne se peut remarquer aucune imperfection, sinon qu'elles ont les retins vn peu pendans à cause de la trop grande frequentation des bains, dont elles vsent fort en ce pays aussi bien qu'en Turquie, estimans se rendre plus belles par ce lauement ordinaire.

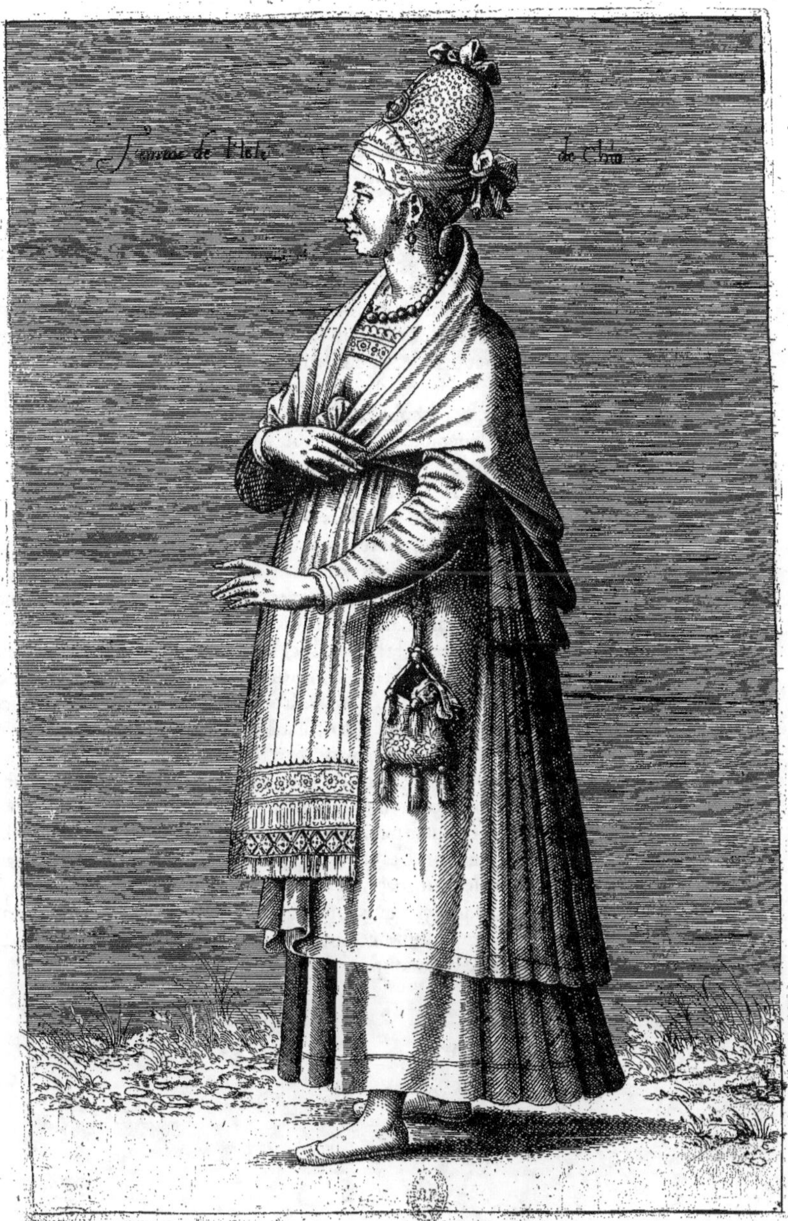

55

O 浙

L y a peu de nations où les femmes & les filles ne soyent remarquables les vnes d'entre les autres, tant par leurs gestes & entregent, que par leur façon d'habit, estant bien seant que les filles qui sont encore au printemps de leur âge, & dont la fleur de beauté ne fait que commencer à esclore, se face paroistre & discerner par quelque particuliere gayeté d'auec les femmes, qui ont perdu cette viuacité de ieunesse qui les rendoit plus desirables. Or en cette cité de Chio les filles sont fort curieuses d'obseruer cét ordre, car leur habillement est fort dissemblable de celuy des femmes quant à la façon, car pour les estofes tant les vnes que les autres, les portent les plus riches qu'elles peuuent, & de couleurs fort voyantes, ou de blanc fort conuenable à celles-cy pour marque de leur virginité. Leurs robes sont lõgues, bandées par le bas, & fort plissées à petits plis, leur corps est assez bien fait, & feroit paroistre leur taille belle s'il estoit vn petit plus long, il est fort escarré par deuant, & enrichy de broderie d'or & semé de perles, elles ont leur gorge ouuerte ornée d'vn riche colier & d'vne fort belle chaisne, pendant à chacun vne enseigne de grand prix: elles portent leurs manches longues, attachées au corps par le haut auec des rubás de soye de diuerses couleurs, dont les nœuds fõt cõme vne sorte de petits boutlets. Leur coiffure est rõde s'esleuant en haut, accommodée de rubans & de houpes de mesmes couleurs que les manches, & sont nouëz & entrelassez de telle sorte, qu'ils font comme vne guirlande, approchans vn peu de la forme de celles de nos damoiselles Françoises, elles portent vn crespe rayé d'or, comme nous auons dit à la femme precedente, mais il ne luy prend qu'au bord du front, laissant pendre les bouts d'iceluy iusques à la ceinture, qui en se tortillant fait vne sorte de rose par deuant: elles portent aussi le deuanteau blanc, fort ioliment ouuragé & frangé par le bas, & est plus court que la robe d'enuiron demy pied; leur chaussure est fort mignonne, comme celles des femmes, & le plus ordinairement la portent de blanc. Voila ce qui se peut dire de leur habillement, pour leur maniere de viure elle est plus libre beaucoup que celle des Turques & Grecques, car elles frequentent les compagnies tant d'hommes que de femmes sans scandale, comme l'on fait icy, estans fort affables & courtoises, non seulement à ceux de leur pays, mais aussi aux estrangers, qui à cette occasion en font grand estat & les estiment beaucoup.

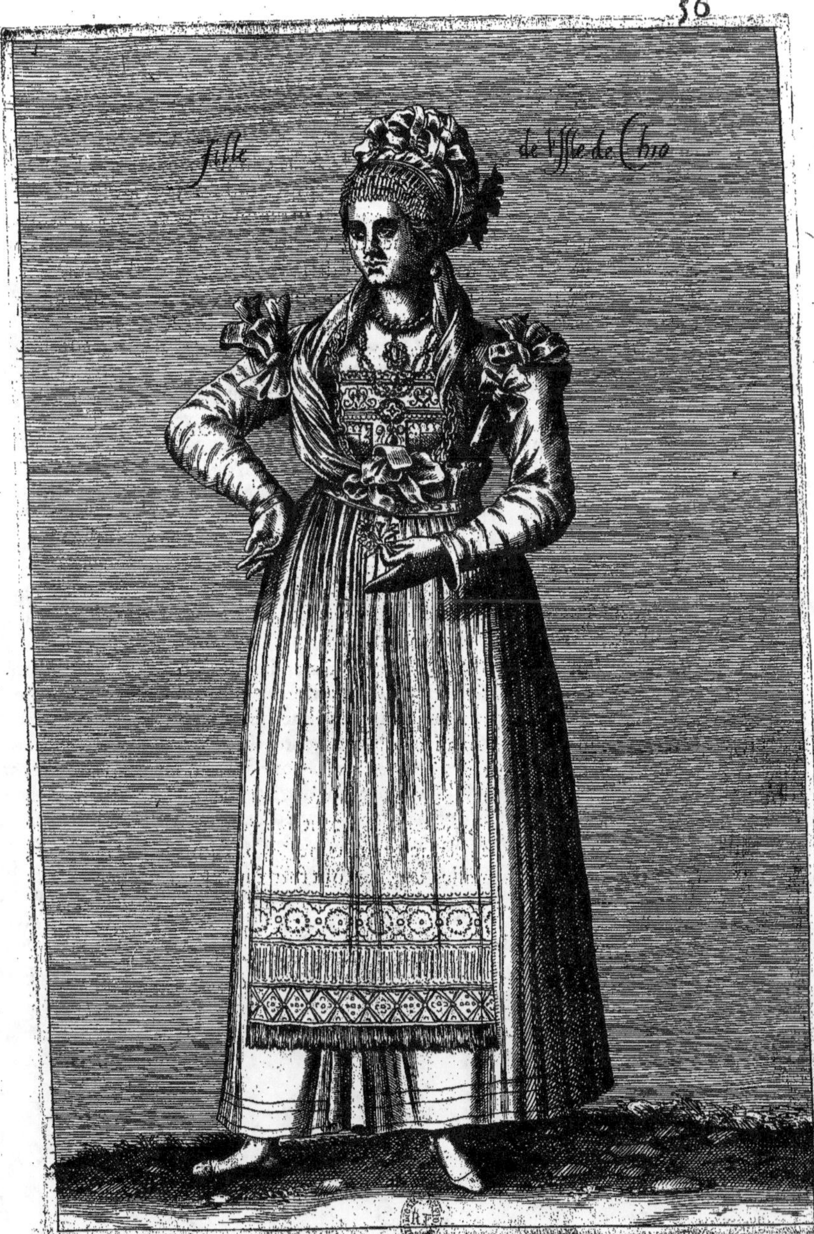

Fille   de l'Isle de Chio

56

Ers l'Orient entre les Ciclades, se monstre l'Isle de Paros esti-
mée de plusieurs pour les singularitez qui s'y trouuent, l'air mesmes y estant si bon, que l'on dit communement que si quelqu'vn desire de viure long-temps, il doit y aller faire sa demeure, on fait aussi fort grand cas du marbre qui y croist pour sa singuliere blancheur, & de fait les Anciens Poëtes voulans faire cas d'vne grande
blancheur, la comparoient au marbre de Paros. Cette Isle est maintenant
sous la domination du Turc, car Mahomet prenant Negrepont s'en rendit le
maistre, le peuple de cette Isle est tenu pour desloyal, & fort subiect à manquer de foy & de promesse; quant aux femmes & filles, elles sont estimées
fort belles & propres en leur habit, & le portent si court que l'on peut iuger
aysément si elles ont belle greue, leur cotte ne leur venant pas plus bas, au
bord de laquelle y a quelques bords de velours ou passement, la robe est demy pied plus courte, ayant par le bas vn bord d'ouurage ou belle pourfilure,
le tout fort ample & plissé, leur corps est fort court, s'ouurant vn peu par deuant, est lassé à la façon de nos villageoises, estant accommodé tout autour
de la carrure auec quelques petits bords, il est escarré tout à l'entour à l'antique Françoise, monstrant la gorge à descouuert deuant & derriere; elles ont
vn riche colier de grosses perles, au milieu duquel pend vne belle enseigne,
vn peu plus bas sur le milieu de la gorge: elles portent encore vn carquan de
grand prix, & au deuant du corps vne piece enrichie par le bord de quelque
petite sorte de dentelle d'or & de perles, les manches de leur cotte sont amples & plissées iusques au poignet, mais ceux de la robe sont coupées comme
celles d'vne iupe volante, faisant quelques plis par le milieu, & à l'entour vne
sorte de boüillons attachez auec de petites esguillettes. Sa coiffure est en es-
cofion, par dessus lequel elle iette vn voile qui vient tourner vn tour par le
deuant sur la gorge, puis retournant derriere pend bien bas, & elle tient le
bout auec la main gauche, elle a le visage tout descouuert, monstrant aussi ses
cheueux qui sont tortillez à la façon ancienne de nos damoiselles Françoises,
& de riches pendans d'oreilles, car elles sont fort curieuses de bagues & ioyaux, & mettent grande peine à leur parer, aussi se sçauent elles fort dextrement approprier de ce qu'elles ont, c'est ce qui donne encore plus d'esclat à
leur grande beauté. Leur chaussure est pareille à celles de Chio, ayans aussi le
pied fort mignon, mais la iambe est vn peu grosse, comme vous pouuez voir
par cette presente figure.

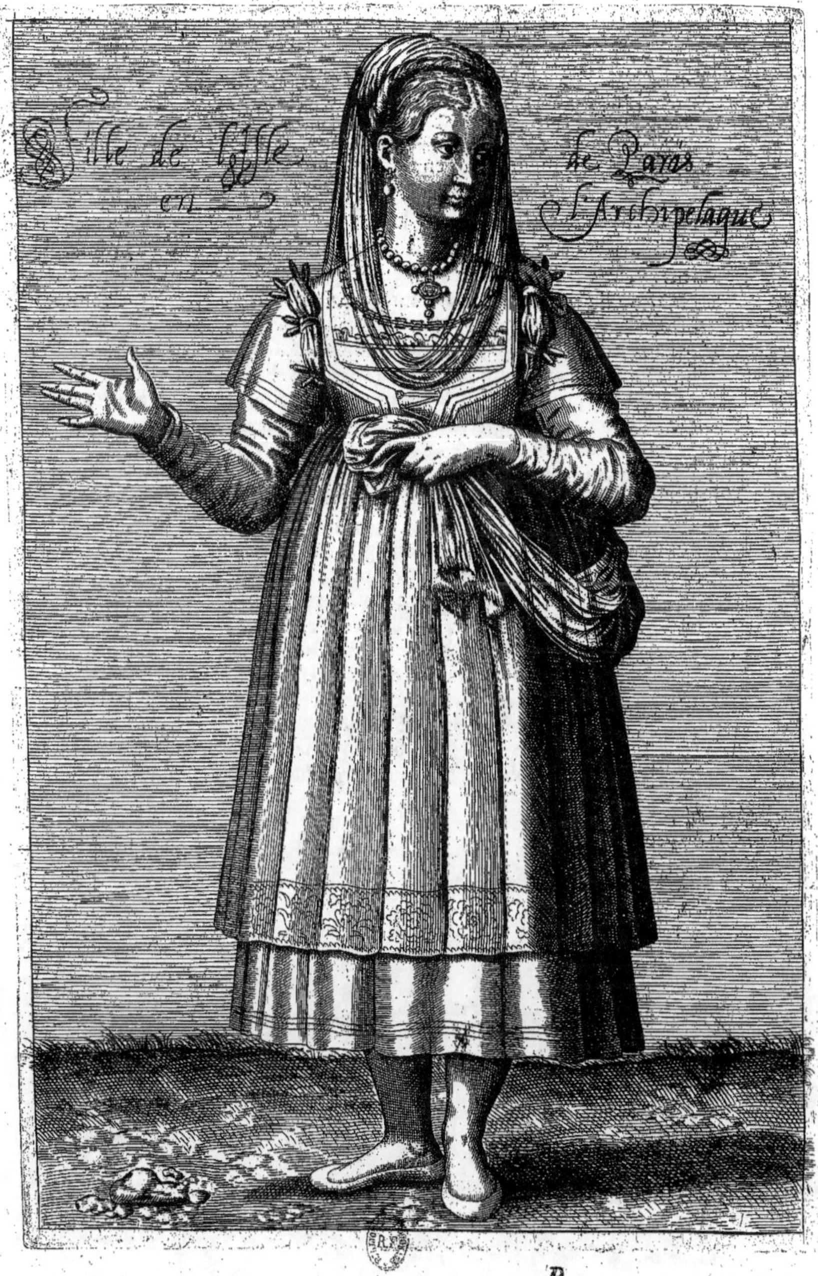

Fille de l'Isle
en
de Paras
L'Archipelague

Ls emble que la ville de Constantinople soit la principale &
plus asseurée retraite de tous les estrangers qui sont tributaires
du grand Seigneur, car de toutes les nations qui sont sous sa domination, il y en a la meilleure partie qui y font leur ordinaire
residence, entre lesquels les Caramaniens appellez ancienne-
ment Ciliciens ne sont pas en petit nombre, car estans fort ingenieux en l'art
d'orfeuerie & ferrailles, il est bien necessaire qu'ils soient en lieu où ils puissent aysement debiter leur ouurage, ce qu'ils font commodement en cette
grande ville, y ayant en icelle vne grande halle couuerte, où se vendent les
orfeueries, pierreries, draps d'or, d'argent, de soye, de belles fourrures, & aussi des esclaues, chameaux, cheuaux & autres choses, au plus offrant, comme
on fait icy aux encans & inuentaires. Ces Caramaniés ont aussi auec eux leurs
femmes, lesquelles si elles sont de qualité ne sortent que fort rarement, si ce
n'est pour aller à l'Eglise ou au baing, ains sont tousiours en leurs maisons
s'emploians à faire plusieurs beaux ouurages à l'esguille sur de la toile qu'elles
enuoyent puis apres vendre aux marchez publics. Elles sont vestuës assez richement, portans le Doliman de velours, satin, ou damas, auec vne sorte de
coiffure en forme de mitre de drap d'or, figuré par fleurs de diuerses couleurs,
auec vn grand voile qui les couure pendant fort bas par derriere, celles de
moindre qualité qui sont contraintes de viure de leur trauail, gaignent leur
vie à porter vendre par la ville des volailles, des œufs, fromages, & laictages, &
sont toutefois habillées quasi comme les autres, excepté la richesse de l'estofe,
& la coiffure qui se tortille autour de la teste en forme de pain de sucre, & au
lieu du voile dont elles sont couuertes, celles-cy le portent bridé par dessous
le menton, venant assez bas sur la gorge, & les bouts pendans par derriere.
Quant aux hommes ils s'habillent comme les Grecs, viuans en leur croyance
& religion, & obeissent tous au Patriarche de Constantinople.

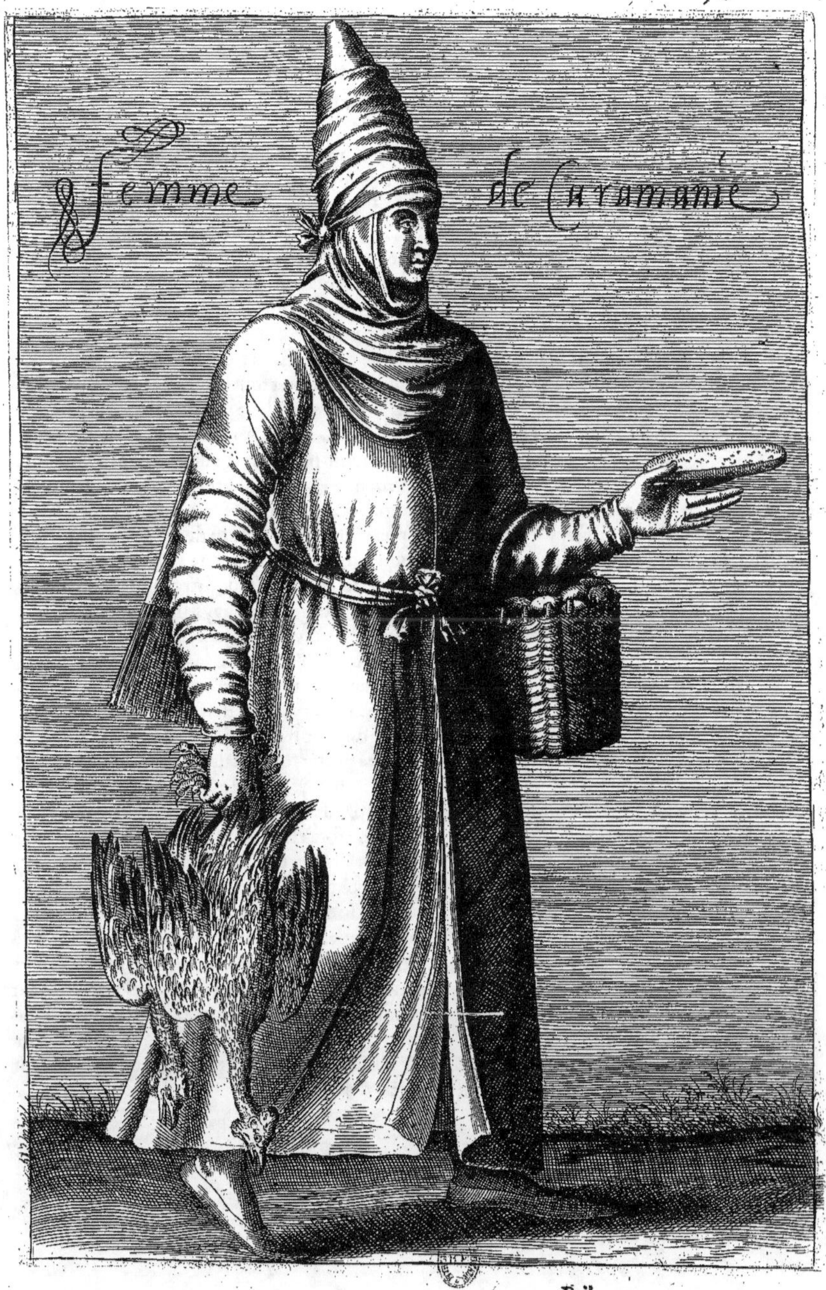

Femme de Caramanie

IL se trouue encore en Surie plusieurs femmes Grecques ayans suiuy leurs maris, qui vont en ces quartiers pour trafiquer & faire marchandise selon leur vacation. Elles portent leur habit fort long, ayans vne robe d'estofe de soye figurée, fenduë par deuant, & fermée au droit de l'estomac auec quatre ou cinq petits boutons, le reste s'ouurant par le haut vn petit, elles ont vne large ceinture rayée d'or, qu'elles portent fort bas, pour faire paroistre le corps plus long estant gros à l'aduenant, elles ont des manches de mesme la robe qui ne passent point le coude, & d'autres par dessous qui faisans plusieurs plis à cause de leur longueur, leur couurêt tout le bras: par dessus leur robe elles portent vn long manteau de tafetas blanc, qui leur prend dessus la teste, & se vient attacher auec vn bouton sous la gorge, se renuersant quand elles veulent sur les bras pour les auoir plus libres; elles ont aussi vn tour de col qui leur cache vn peu le menton, ayans à la teste vne sorte de petit chapeau, qui a par deuant vn large bord qui se rabat sur le frond, tout à l'entour duquel y a force perles & pierreries: elles ont aussi de riches pendans aux oreilles, proche de laquelle se void vn petit bouquet de cheueux vn peu frisottez, leur visage est assez beau & la taille aussi, estans fort grandes & de belle façon. Les femmes mariées qui sont naturelles du pays portent la robe à la Turque, & vn manteau par dessus, qui leur vient seulement à moitié des iambes, qui estant large & ample leur couure toutes les mains, elles portent à la teste vn bonet de velours, à l'entour vn riche cercle d'or, & par dessus vn voile fort delié qui les couure iusques sur les yeux, & dessous cela se voyêt leurs cheueux tressez, qui pendent aux deux costez du visage iusques à la ceinture ou moins selon leur longueur, elles portêt force perles, pierreries & dorures, selon leur pouuoir & commodité; celles qui sont de plus grande qualité sont vestuës fort long, principalement par derriere, leur robe faisant vne queuë à l'antique, & est de brocador ou autre fort riche estofe, leur corps est ouuert par deuant auec de certains bustes, en façon d'vn corcelet, enrichi de perles & pierreries, elles se fardent le visage, & vsent de senteurs & parfums, mais lors qu'elles sortent de la maison elles sont couuertes. Les damoiselles d'Alep portent pour coiffure vne toque de velours, qui fait par derriere vne petite pointe, & sur le deuant y a vn panache de plumes d'oyseaux qu'ils ont en fort grande estime en ce pays, & au bord vn riche cercle d'or & de pierreries, & par dessous au derriere sortent plusieurs rubans de toutes couleurs, qui s'espendent sur les cheueux, desquels vne partie estant fort ioliement tressez sont pendans au costé du visage. Voila ce qui est de plus remarquable & different des autres dont il a esté parlé cy-dessus.

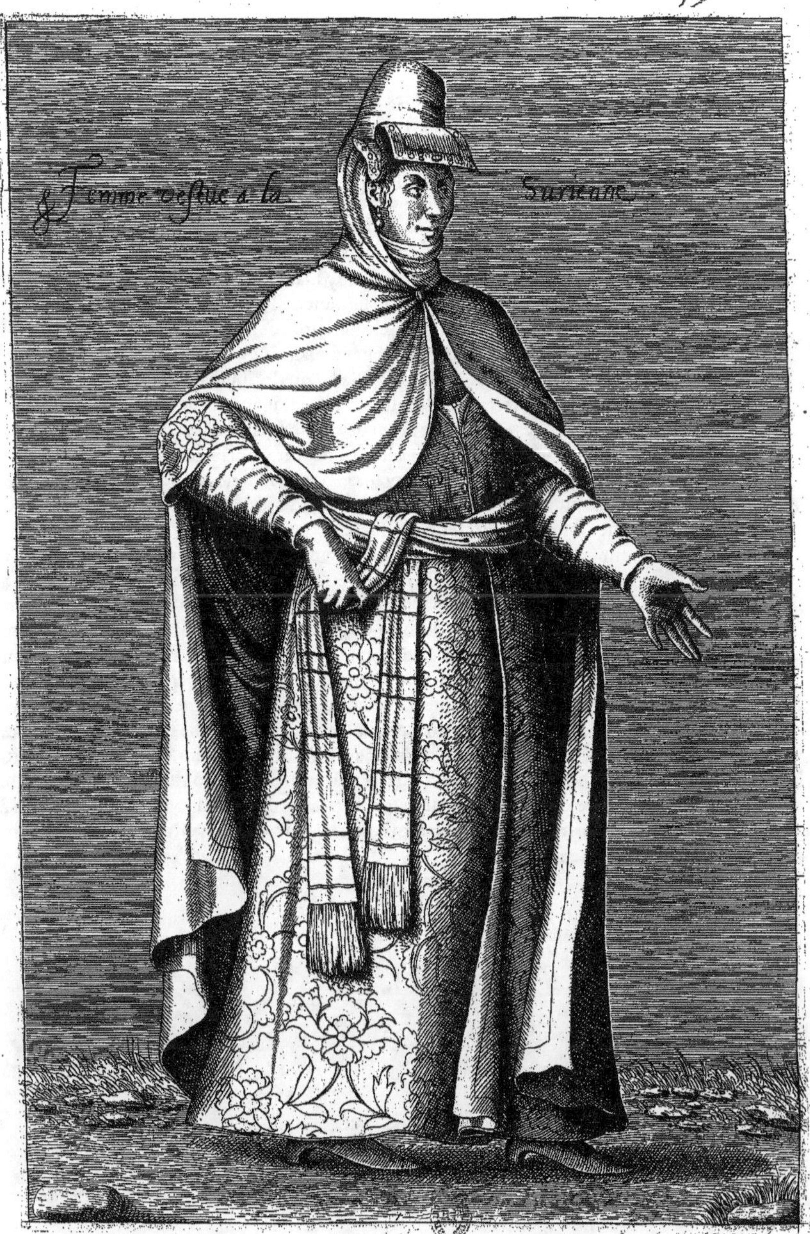

Femme vestue à la   Surienne.

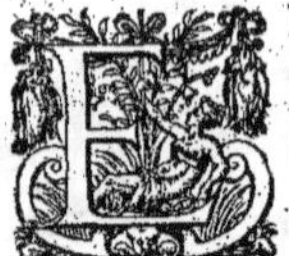NTRE toutes les femmes de l'Orient les Persiennes ont toufiours tenu le premier rang , tant pour leur naturelle beauté que pour la grande proprieté qu'elles ont en leurs habits, & principalemét celles de la ville de Scyras se rédent encor admirables par deffus les autres pour leur ioly entregent & ciuilité, ce qui faifoit dire au grand Alexandre que les filles de Perfe faifoient grand mal aux yeux de ceux qui les regardoiét, & qui l'empefchoit auffi de faluer les filles du Roy Daire qu'il tenoit prifonnieres, autrement qu'auec les yeux baiffez, craignant de fe laiffer prendre par leurs mignards attraitz. Leur habit a quelque chofe de celuy des Turques, car elles portent vne longue robe fenduë par deuant, & vn peu boutonnée en haut, les manches coupées affez haut, à la façon des iupes volantes que nos François ont porté autresfois, le refte du bras eftant couuert d'autres petites manches iuftes, elles ne portent point de ceinture, laiffás aller leur robe tout d'vne venuë, qui pour eftre fort ample fe pliffe fort, principalemét par derriere. Leur chauffure eft fort mignonne, ayans le bas bien tiré, & vn petit efcarpin fans talon, qui ne leur couure que le petit bout du pied: leur coiffure eft faite auec plufieurs bandes de tafetas de diuerfes couleurs, qui leur vient vn peu fur le front cachant leurs cheueux, excepté vne forte de petite mouftache qui fort au droit de la temple, comme nos François appellent des queuës de canart: ces rubans font tortillez par plufieurs tours & entrelaffures, qui fait par le derriere & haut de la tefte vne forte de crefte de heaulme , les bouts reftans fort longs pendent derriere & deuant fi bas qu'elles les retrouffent vne fois ou deux à l'entour du bras, leur gorge n'eft point defcouuerte, leur robe eftant quafi toute fermée iufques en haut, on leur void feulement le col, auquel elles ont vn petit colier affez fimple, & aux oreilles de riches pendans de groffes perles, c'eft ce qui fe peut remarquer pour l'habillement. Quant à leur maniere de viure elles font fort refferrées pour la grande ialoufie de leurs maris, qui eft telle qu'à grande peine leur eft il permis de voir leurs proches parens, & à plus forte raifon la compagnie ou frequentation des eftrangers leur eft entierement interdite.

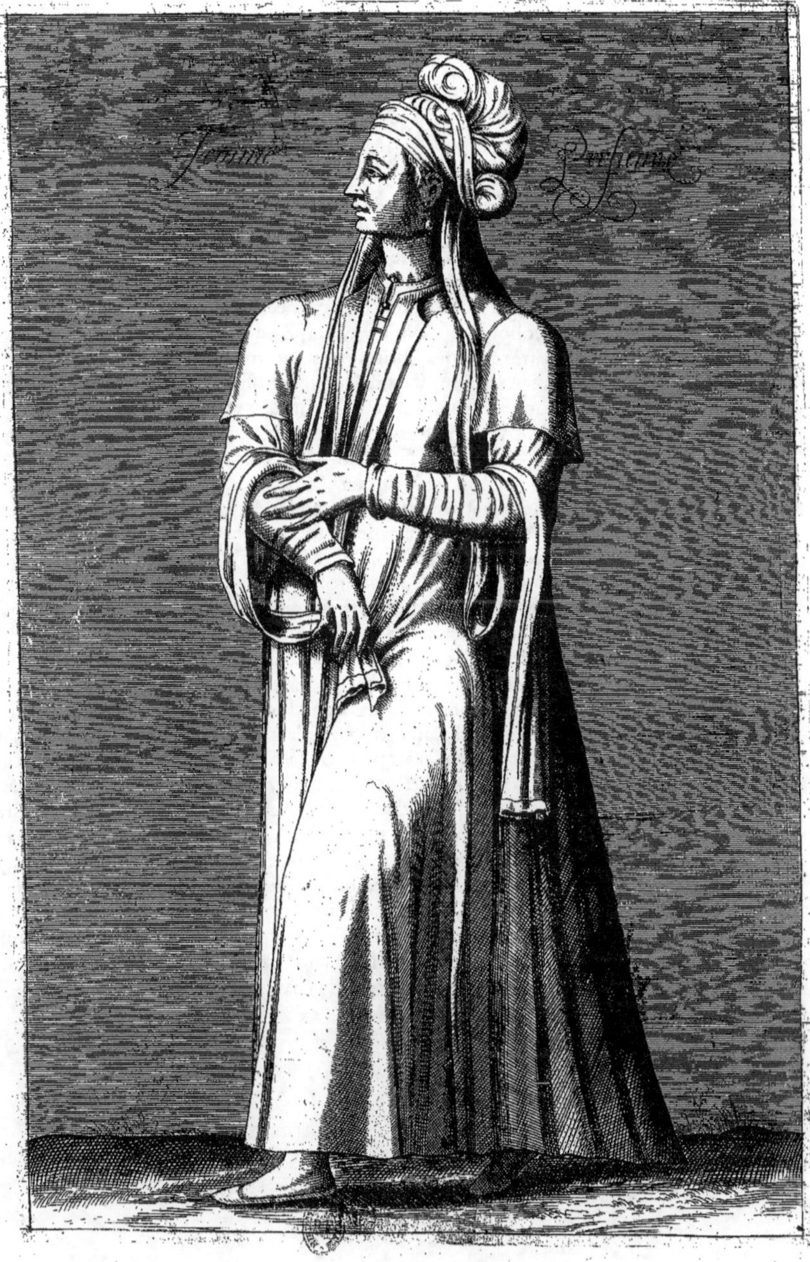
Femme Persienne

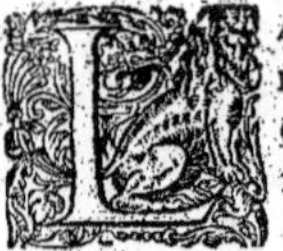

60

A ville de Tripoli eſt l'vne des principales de toute la Barbarie, diſtante enuiron deux iournées de Baruth, qui eſt le lieu
où ſe void pour choſe plus rare vne Antiquaille en laquelle
fut miſe la fille du Roy lors que le dragon la deuoit deuorer,
& fut deliurée & renduë à ſon pere par S. George, miracle
dont la memoire dure encore parmy nous. En cette cité de Tripoli ne ſe
void quaſi plus que les marques de ſon ancienne beauté, les baſtimens &
choſes plus exquiſes ayans eſté toutes ruinées, on y remarque encore quelques belles collomnes, & vn arc triomphal de marbre blanc, taillé à quatre
faces, ſur quatres collónes Corinthiennes quarrées, & vn chariot d'excellente
ſculpture tiré par deux grifons, dás lequel eſt aſſiſe vne Victoire auec ſes deux
aiſles, de l'autre eſtoit vn autre chariot portant vne Palas, & ſur la frize pluſieurs deuiſes dont les lettres ne ſe peuuét plus remarquer à cauſe de la ruyne,
elle eſt maintenant ſous la ſubiection du grand Seigneur, & tous les habitans
d'icelle Mahometans de Religion. La femme qui vous eſt icy repreſentée
vous fera ayſément croire qu'il y a grande difference, tant en la beauté que
proprieté des habits, de celles de Chio, les vnes ſont blanches & les auttes
mores, celles-là ſons veſtues fort mignonnement, & celles-cy fort groſſiere-
ment & mauſſadement, ayans vne robe longue & ſans nulle grace ny façon,
auec de larges manches toutes vagues, comme celles que portent icy les eſ-
pouſées de village, leur bras ſe void tout nud quaſi à la moitié, auec des bracelets à l'endroit du poignet; elles ſont ceintes au deſſous des tetins, & affu-
blées d'vn grand couurechef qui leur ſerre le frót & leur couure toutes les eſpaules, reuenans les deux bouts brider ſous la gorge: celles qui ont des enfans les portent ordinairement entre leurs bras tous nuds, auec vne petite
chemiſe dont les manches ſont retrouſſées iuſques au coude, auec vne petite
ceinture au deſſous des bras, en cét equipage elles ne reſſemblent pas mal aux
Boëſmiennes; quant à la chauſſure ie n'auray pas la peine de la dépeindre,
d'autant qu'elles ſont toutes nuds pieds. Voila comme la diuerſité des pays
ameine quant & ſoy de la difference aux actions & aux humeurs, les vns ayment naturellemét la parade & ſomptuoſité en hahits, les autres recherchent
la delicateſſe de la vie auec ſuperfluité, d'autres ſe plaiſent en la ſobrieté, en fin
il ſe void en tout de l'inegalité, & c'eſt ce qui rend le monde admirable, & qui
contente ceux qui le veulent frequenter par grands voyages, deſirans touſiours de voir choſes nouuelles par le changement des pays.

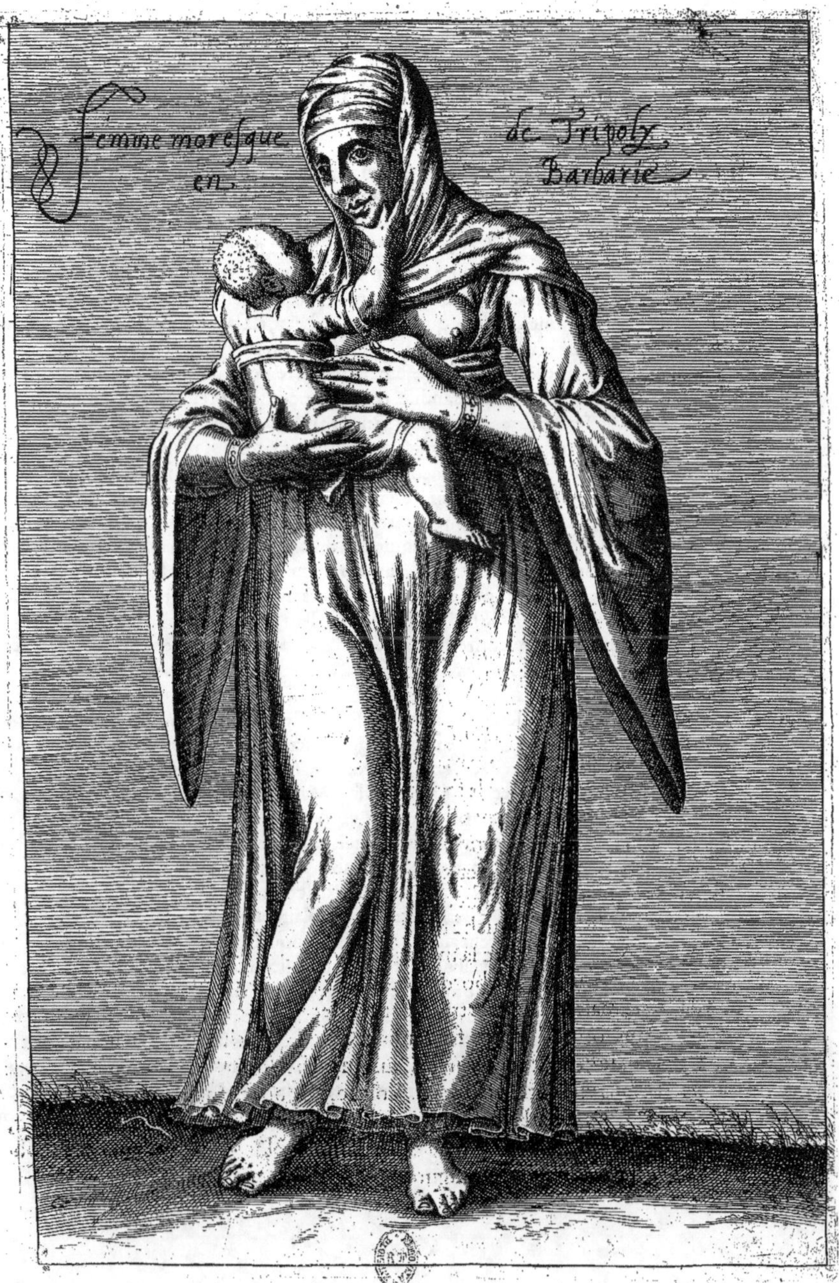
Femme moresque
en
de Tripoly
Barbarie

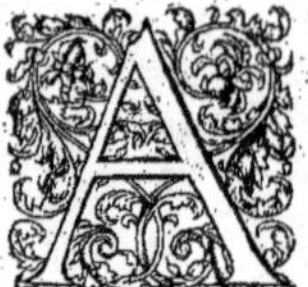

61

LGER eſt vne cité d'Afrique des plus anciennes, qui eſt ſituée ſur la mer Mediterranée, ſur vne montagne enui-ronnée de bonnes & fortes murailles, ramparts, foſſez, & autres accompagnemens neceſſaires à vne forte place, ba-ſtie en telle maniere par le dedans que chaque ſorte d'arti-ſans ont leur ruë à part, il y a auſſi pluſieurs beaux palais, & bains publics, mais ce qui y eſt de plus beau, eſt la principale Moſquée baſtie au bas de la ville, auec vn tel artifice & ſi belle architecture qu'elle eſt grande-ment eſtimée. Cette cité eſtant aſſiſe ſur le bord de la mer, eſt infiniement propre pour la marchandiſe, & à cette occaſion fort peuplée de Iuifs, Turcs, Maures & autres, tellement qu'il n'y a pas moins de 3000. feux d'habitans en icelle, ce nombre en ce pays ne ſeroit pas grand cas, mais en cettuy-là qui eſt moins peuplé c'eſt beaucoup, & eſt le lieu où ceux des bourgs & villages cir-conuoiſins, portent vendre leurs menuës denrées, comme grains, fruicts, vo-lailles, à ſi bas prix que la perdrix ſe donne pour vne ſorte de monnoye d'ar-gent quarrée qui reuient enuiron à quatre deniers & maille, les poulles ſont encore à meilleur marché, car ils ont vne inuention de faire eſclore les œufs ſans ſ'ayder de poulles, ayans dans leurs maiſons vne ſorte de poille où ils les mettent, & par le moyen de cette chaleur lente & égale ſe forment les pou-lets, ils ont quantité de chameaux & de bœufs qu'ils ferrent, & ſ'en ſeruent comme de cheuaux. Entr'eux il y a pluſieurs Maures qui vont à cheual ſur des Barbres, ſans ſelle, bride, eſperons, ny eſtriers, n'ayans qu'vn filet en la bou-che qui leur ſert de mords pour les arreſter, ils ſont tous nuds excepté vne ſor-te d'eſcharpe de ſerge blanche qu'ils mettent pour cacher leur honte, leurs ar-mes ſont trois dards en la main droite, & ſur le bras gauche ils attachét vn lar-ge poignart recourbé à la façõ d'vn Malchus appellé par eux Secquin. La pluſ-part de ceux que l'on appelle Turcs en Alger, ſont Chreſtiens reniez & Ma-humetiſez, de toutes nations, mais principalement Eſpagnols, Italiens, Prou-uenceaux, tous fort vicieux & lubriques. Quant aux femmes Turques ou Maures, on ne les void gueres aller deſcouuertes, car elles ſe cachêt toutes par le moyen de leur Bernuche de ſerge blanche, noire, ou violette, qui eſt fort grand, & le ſerrent auec la main ſur la bouche, ayans le reſte du viſage libre iuſques au front, ſur le bord duquel il eſt abbaiſſé, pendant auſſi bien bas par derriere, mais les bouts ſe trouſſent par deuant à la ceinture: elles portent vne robe ſans forme de corps, fort ample & lõgue principalement par derriere, re-trouſſans le deuant auec la main, leurs manches ſont aſſez iuſtes au bras, & ont par deſſous vne cotte vn peu plus courte, & pour chauſſure de petits brode-quins blancs, auec l'eſcarpin aſſez bien fait, c'eſt le plus propre de ſon habit, car tout le reſte eſt de fort mauuaiſe grace & mal agreable, comme vous pou-uez voir en cette preſente figure.

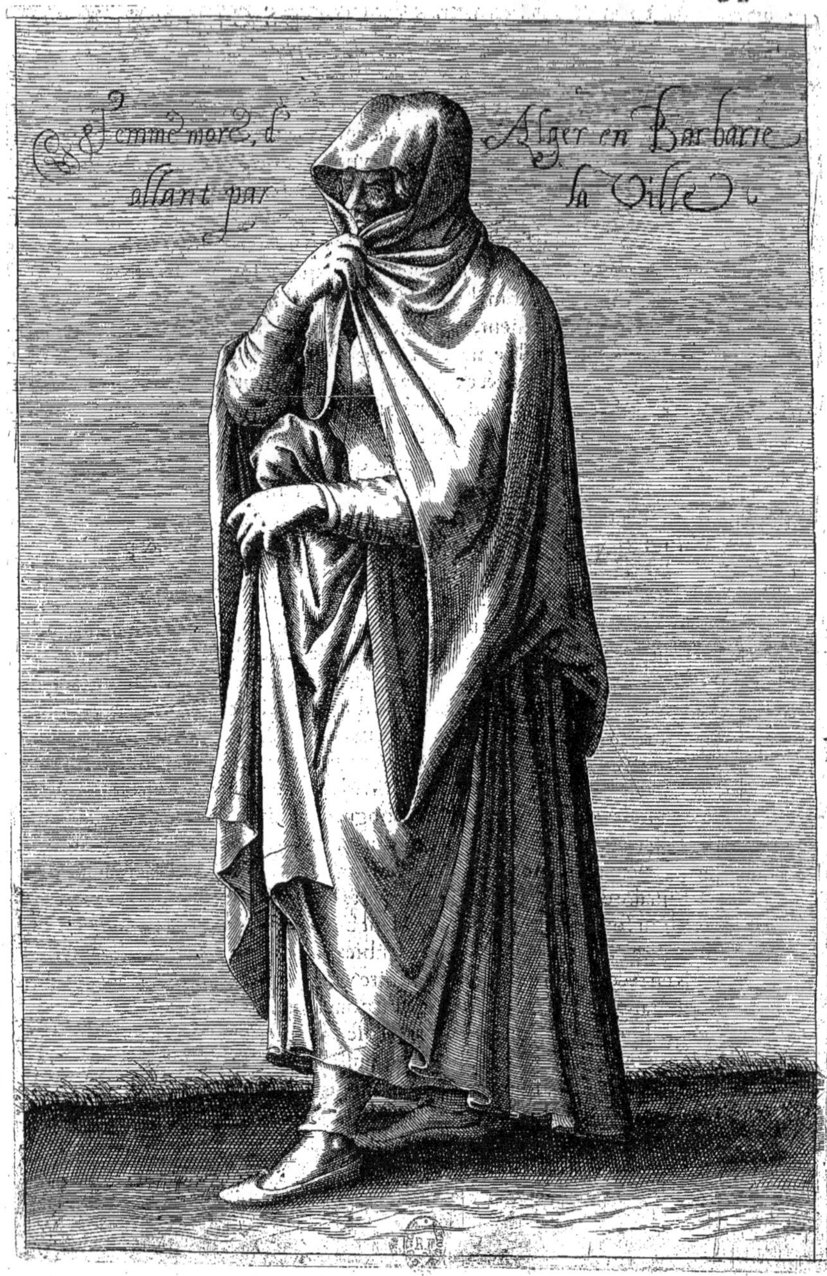

Femme more, d
allant par
Alger en Barbarie
la Ville

62

D E cette nation la plufpart des femmes ont accouftumé d'e-
ftre nuës, comme la figure de cette efclaue vous le reprefente, ayans feulement vne forte de petit garderobe de coton
froncé, auec lequel elles couurent ce que leur hônefteté leur
defend de monftrer. Or ces pauures efclaues font pris, tant
les hômes que les femmes, par de certains Chreftiens reniez
Mahumetifez, & autres efcumeurs de mer qui en font trafic & marchandife,
& ceux qui font de moins belle deffaite qu'ils font contraints de garder, ils les
traictent fort cruellement, leur faifans labourer la terre, ou faire quelque autre ouurage fort penible, ne leur efpargnás les coups de bafton non plus que
l'efperon aux cheuaux: cét exercice de labourage leur eft fort dificile, d'autant
que la meilleure partie d'entr'eux hommes & femmes ne s'exercent qu'à filer,
faire des leciues & autres chofes femblables, il y a quelques fémes qui font du
drap de coton, qui n'eft pas plus large que la palme de la main, duquel il faut
coudre plufieurs largeurs enfemble pour s'en feruir. C'eft dequoy fe veftent
les Seigneurs, ayans premierement vne chemife de coton qui les couure à
moitié les cuiffes, les manches larges venans au milieu du bras, & par deffus de
certaines chauffes du drap que i'ay dit, lefquelles leur montent iufques à la
ceinture, & batent fur la cheuille du pied, eftás d'vne extreme largeur, & ceintes au trauers le corps, fort repliées à caufe de leur amplitude, tellement qu'elles font vne forte de fac deuant, & vn autre derriere qui trainant iufques a terre fait vne longue queuë de fort mauuaife grace, & neantmoins ils ne croient
pas qu'il y ayt vne plus belle forte d'habit que celle-cy. Quelques-vnes des
femmes ont vne partie de leurs cheueux treffez & pendans fur les efpaules,
l'autre partie tortillée affez proprement fur leur tefte, mais cette efclaue n'y
fait pas tant de façon, eftant à la maniere la plus commune, qui eft d'auoir la
tefte nuë, les cheueux crefpes & de longueur enuiron d'vne palme: elle porte
des bracelets de léton deux à chaque bras, & au bas des iambes, & vn carquan
au col, auec des pendans aux oreilles: ces femmes font nettes, d'autant que
d'ordinaire elles fe lauent trois ou quatre fois le iour, mais pour le manger elles y font fort mal-propres, elles parlent beaucoup, excedans encore la nature
ordinaire de ce fexe, eftans toutes fubiettes à mentir & qui trompent fort,
mais en recompence elles ont vne autre vertu, qui eft d'eftre fort charitables
aux eftrangers, les retirás chez eux, ou pour coucher quelque nuict, ou prendre quelque repas felon que l'occafion fe prefente, fans en demander aucune
recompence. Les bazanez ont cette couftume entr'eux de n'vfer point d'argent monnoyé, mais au lieu d'achepter ce qu'ils ont affaire, ils changent les
vns auec les autres du pain pour de la chair, des pommes pour des noix, & ainfi des autres chofes, s'accommodans les vns les autres felon leurs neceffitez.

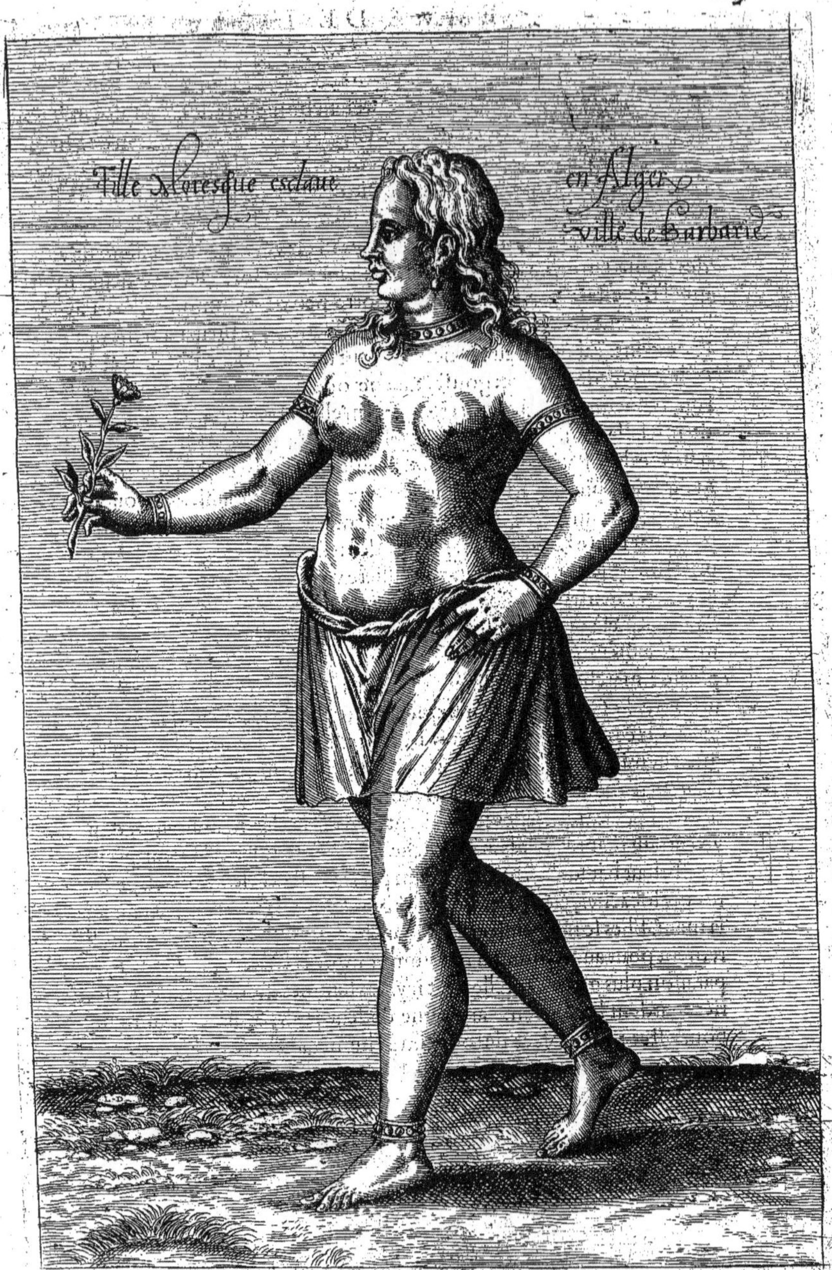

Fille Moresque esclaue   en Alger
                                        ville de Barbarie

63

L'Isle de Malte à present bouleuert de la Chrestienté, pour estre la retraicte des Cheualiers de l'Ordre S. Iean de Hierusalem, qui ont tant de fois fait teste à la puissance du Turc, mettans librement leur vie & leur sang pour la deffence de la foy, tous les habitans d'icelle sont aussi fort bons Chrestiens, qui ont courageusement deffendu leur pays : il est vray qu'ils se ressentent vn peu des façons farouches de l'Affrique, ils viuent là fort escharcement, pource que l'Isle estant peu fertille leur apporte peu de commodité, mais ayans la Sicile voisine ils en tirent beaucoup de secours, principalement des bleds, & des vins : car quant aux fruicts ils sont tres-excellens à Malte, & les fleurs & herbages de fort bon goust & suaue odeur, l'air y estant aussi fort bon & sain, & mesmes il y en a qui tiennent qu'elle a pris son nom de l'abondance du miel. Il y a aussi vne chose fort remarquable en cette Isle, c'est que depuis la venuë de S. Paul en icelle, on n'y a veu aucune espece de serpens, voire mesme les Scorpions qui sont si dangereux ailleurs se manient là tout communement sans qu'il en arriue nul inconuenient, chacun sçait assez comme l'on porte par toute l'Europe des pierres de la Grote où ce glorieux Apostre fut prisonnier, lesquelles ont vne singuliere vertu contre la morsure des serpens, & principalement des Scorpions, nommant ces pierres grace ou pierre de S. Paul, auquel ce peuple est si deuot qu'ils luy ont dedié leur Isle, y ayant demeuré trois mois : elle est aussi bien bastie & de fort belles maisons, & peuplée de marchands de diuerses nations, mais principalement il y a grand nombre de Courtizanes Grecques, Maures, Espagnolles, Italiennes & Malteses. Or ces Malteses vulgaires ne portent en Esté autre habit qu'vne longue chemise de belle toille blanche fort large & ample, froncée par le colet à la façon d'vne aube, elle leur serre tout le col, ayant au bord vne sorte de petite fraise à l'antique, elles se ceignent au dessous des mammelles, & portent vn certain manteau de laine blanche appellé Barnuche qui leur prenant sur la teste leur bat sur le front, tombant par les costez le long du visage, sans toutesfois le cacher, vient pendre sur les bras & fort bas derriere, tenant le bout à la main. Elles sont chaussées à la façon des Grecques, & s'habillent ainsi legerement pour auoir moins d'incommodité de la chaleur, qui est là sans comparaison plus grande qu'elle n'est icy. Les femmes d'autre qualité qui sont mariées gardent la coustume ancienne de leur pays, & ne se monstrent point pour oster tout subiect de soupçon à l'humeur ialouse de leurs maris.

FIN DES DESCRIPTIONS.

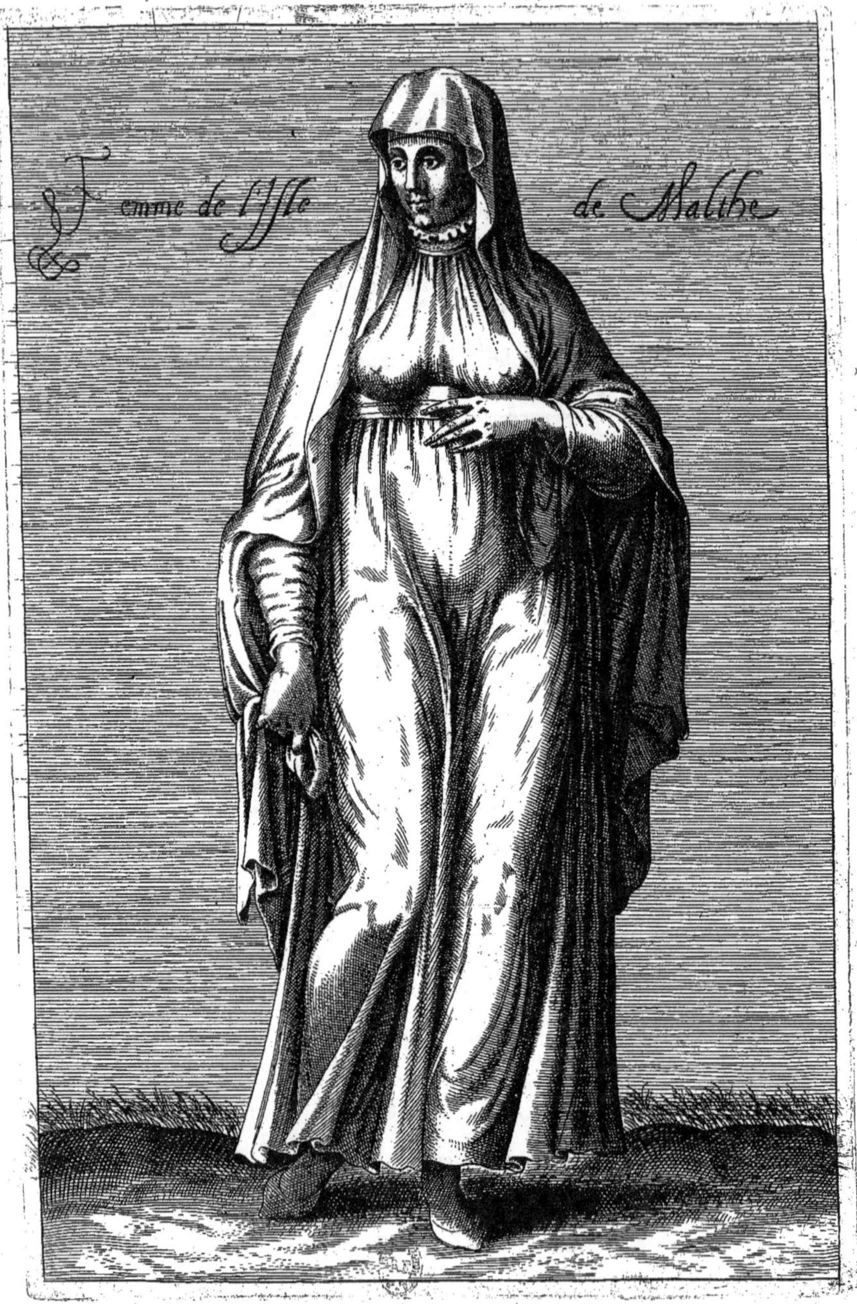

Femme de l'Isle de Malibe